U0111692

大展好書　好書大展
品嘗好書　冠群可期

大展好書　好書大展

品嘗好書・冠群可期

武術特輯
89

陳氏太極長拳
108式

（附 VCD）

王振華　著

大展出版社有限公司

陳氏十七世宗師陳發科像

陳氏十八世宗師陳照奎像

陳氏九世祖陳王廷像（後執刀者爲蔣發）

宗師陳發科拳照

宗師陳照奎教學圖照（右）

宗師陳照奎授拳圖照（右）

作者與陳氏傳人陳瑜爲宗師陳照奎立功德碑

功德碑贊詞（功德碑背面）

贊恩師陳公　諱　照奎

憶昔當年結群英，揮瀧長嘯激清風。
九傳太極謂北斗，百年陳氏鑄芳名。
陰陽互變自然法，奇正相生造化功。
海内弟子共飲悼，格近竹菊調近松。

弟子　王振華

2004.8

序　言

　　王振華教授繼 2003 年出版發行《陳式太極拳精選套路 48 式》之後，又將陳照奎老師所傳《陳式太極長拳 108 式》公示於衆，這是武術界的一大喜事，可喜可賀。

　　1963 年，顧留馨、沈家楨曾在他們編著的《陳式太極拳》簡介中提到過「108 式太極長拳」，然而多少年來鮮爲人知，習練陳式太極拳的有心之人，無不留意此事。今天王振華教授將這套古樸大方、勢勢不重的套路展現給武術愛好者，這是對先師的報答，對世人的貢獻，也是對中華傳統文化的繼承和發揚。

　　振華出生在山東武術教育之家，聰明好學，5 歲隨父習武讀書，積累了深厚的武術和文化功底。1964 年考入北京建工學院，求學期間從未間斷對武術的追求。除學習形意、八卦等拳術之外，又師從陳照奎老師學習陳氏太極拳，深得陳老器重。

　　1969 年，振華畢業後分配到國家建委，先後在磴口和海渤灣等地從事三線建設，工作之餘向當地武術愛好者傳授長拳、陳式太極拳及器械等。1977 年離開內蒙，先後到哈爾濱、江西、湖南等地進行施工建設，1985 年調回家鄉菏澤，在菏澤學院從事教育工作。

　　我於 1961 年在上海集訓期間有幸認識了陳氏太極拳宗師陳照奎先生，那時先生受上海文化宮顧馨之邀傳授陳氏太極拳。我與先生隔壁居住，對先生的人品和拳藝極其佩服。當時由於集訓緊張沒能向陳老師學習，很是遺憾。

　　可喜的是我在 1977 年全國武術運動會上結識了振華，那時他是器械裁判，我是寧夏武術隊領隊。他在緊張的運動會期間仍然每天練拳十遍，他嫻熟的拳藝頗具陳照奎老師的風範，得到眾多名家的讚賞。

　　今年 7 月振華應寧夏學生的邀請故地重遊，毫無保留地將平生繼承的功法和陳氏太極長拳 108 式套路展示於眾。太極長拳如長江大河滔滔不絕之勢，民族文化絢麗之貌，使在場的學者感歎不已。

　　我一生幾十年從事武術專業教學工作，對振華幾十年寒暑不輟的精神和爲人坦誠、淡泊名利的品格非常敬佩。能榮幸爲他出書寫序深感欣慰。

　　　　　　　　　　　　　　　　蔣紅岩

作者的話

太極拳是中華民族文化的奇葩，它以易爲理，結合中醫的經絡學說，集導引、吐納、武術於一體，脫而化之，推演陰陽開合之道。而陳氏太極長拳則是太極文化的另一燦爛內容。

初，中華武術絢麗多支，南拳北腿各呈芬芳。陳氏先人遂集天下各派拳法，博採眾長，擇其精要，各取一二匯爲「長拳」套路。是拳，一百單八勢，勢勢不重。陳氏氏族以此強身體，衛鄉里，報國家。後，陳氏先哲集儒、道之大成，遂開太極之先，終成陰陽開合，曲盡纏絲之妙。

陳氏氏族以太極拳名譽天下，不脛而走，傳於四海內外。太極拳博大精深之貌逐漸爲人所識。而「長拳」套路則爲陳氏嫡傳傳人所專精，各代傳人以太極拳之規律不斷地對它進行進一步的加工整理，既保其原貌，又與太極同體，一招一勢都凝聚著陳氏先賢的智慧和心血。後人不僅能在演練此拳的過程中體現古代的武術原貌，又能體味中華文化的妙趣，實是陳氏累代之功。

先師陳照奎，聰慧睿智，承陳氏累代之學，不驕不惰。爲啓後人，寫太極精義於寒窗之下，困苦勞頓不減其志，其精神和技藝同樣感人。

　　是拳，由陳氏一脈相承，從不外傳。外人不得窺其門徑，知之者僅能觀其譜而已。上世紀三十年代，陳照丕先生曾在其著作中披露其拳譜，時稱《陳長興太極拳總歌》。

　　先師陳照奎首將此拳傳世，定名爲「陳氏太極長拳」，爲中華武術寶庫增添了壯麗的一頁。後來學子，當思先輩之精義，不可邁等。

目　錄

陳氏太極長拳一〇八式

概　述

　　陳氏太極長拳如長江大河，滔滔不絕。其拳勢均是明代以前的古老拳勢，源於當時南北各派拳家，擇其精要，各取幾手，勢勢不重。

　　演練時須以拳術古風，不可隨意臨摹舞蹈體操之風格。如此方能調氣血、平心志，達到修身養性，陶冶情操之功效。功久，理趣自現，其樂無窮。

一、技術特點

　　陳氏太極長拳源於古代武術，又佐以陳氏太極拳的理法，其總的技術特點與陳氏太極拳一、二路相仿，但又不失其他長拳的韻味。

　　演練陳氏太極長拳時，首先要遵循陳氏太極拳的要領：「立身中正」、「快慢相間」、「剛柔相濟」等特點。運動時須心靜體鬆，純以意思運行，以丹田的旋轉開合帶動四肢的運動。開則氣達四梢，合則氣歸丹田。氣出、氣入做到四肢螺旋纏綿，即陳氏太極拳的纏絲運動。氣出為開，氣入為合，開合互變，滔滔不絕。陳氏太極長拳與陳氏太極拳的一路相比，太極長拳大開大合比較明顯，大幅度的身腰折疊運化比較多，雙手的纏絲運化，多以大圈為主。因此，在運動時，內氣的鼓蕩感比較明顯。

練習有時，周身內外融融，是陳氏太極長拳（也是陳氏太極拳）的獨有特點。

由於陳氏太極長拳來源於武術的各家長拳，但其運動規律發生了根本的變化，所以，陳氏太極長拳中的手型、步型、手法、步法、身法都與一般長拳中的相應方法有了變化，只能說是形式上的類似。

陳氏太極長拳的基本方法如下：

（一）手　法

陳氏太極長拳運動以腰脊為主。手為梢節，動作纏繞回環，意氣隨動作的開合往復於指端，表現為順、逆纏絲運動。以手為例，凡以中指為軸，小指著力，大指合為順纏。反之，大指著力，小指合為逆纏。

運動中手型變化複雜，或為掌，或為拳，或為勾。瞬息變化，皆在運動之中。

（二）眼　法

陳氏太極長拳注重眼法。眼是傳神之官，主宰於心，眼的主光視動作的焦點，餘光兼顧左右。含蓄時含光脈脈，發放時急如閃電。

（三）身　法

「打拳全是要身法。」陳氏拳的身法很多，腰、背、脊、腹、襠、臀各部皆有法度。總以立身中正，中氣領起為第一要義。丹田內轉，帶動周身，外現折疊、開合，內裏中氣上下貫通。為一體關鍵。

（四）步　法

丹田內轉下行於足，凡膝裏轉視為逆纏，反之為順纏，不管順和逆，總要五趾抓地腳心空。隨重心的轉移，步型或呈類似長拳的弓步，或呈馬步，或呈橫襠步。其要全在手足上下相合，不可散漫。

二、學習方法

學習陳氏太極長拳應根據具體情況制定自己的學習計畫。一般說來可分四個階段，供練習者參考。

（一）根據光碟學習基本功和套路

書中所附的光碟中含有陳氏太極長拳套路正反面的演示。學習者應先看上一至兩遍，有了大致的印象後，根據先易後難、循序漸進的學習原則，首先學習基本功和單個的動作，然後跟著光碟將套路模仿下來，初步地掌握陳氏太極長拳套路，並在此過程中提高自身的身體素質和專項素質。在此階段，不必要求過高，能夠練下來就可以進行下一階段的學習了。

（二）根據本書進一步學習

在初步的瞭解套路和基本功的基礎上，對照本書，對疑難的動作進行深入的學習。開始疑難的動作很多，可以逐步的一個一個地學習，直至整個套路。在此過程中也不必太細，以掌握好動作的基本功架和動作的基本路線為主。需要注意的是，書中的動作說明比較細緻，動作分解

也多，是全面的練習方法，適合單練和深入地研究。在套路裏動作的節奏和剛柔、開合的處理是有一定變化的，可根據自身的條件逐步做到。

（三）以意識引導動作嘗試太極長拳

經過以上兩個階段的模仿和學習，已經能夠將太極長拳比畫下來了，身體素質也有了一定的提升，但還不是真正的太極長拳。真正的太極長拳是要在心靜體鬆的狀態下以意識引導動作，身形中正安舒，運動以腰脊為原動力，力求做到一動無不動、節節貫穿的纏絲運動。練習者可從幾個較熟悉的動作練起，在不失要領的前提下逐步地擴大到一段、幾段，以至於整個套路。然後反覆地體驗，漸漸的在身心中有所得，也就是漸入佳境的開始。

（四）調呼吸，用意識的丹田內轉運動

初學太極長拳時呼吸要求自然，動作不熟練不必配合呼吸，否則會導致動作緊張，達不到心靜體鬆的要領。經過以上三個階段，可以逐漸地使動作與呼吸相配合。由少到多，總以自然為主，終能過渡到呼吸與動作協調如一，這是更加高級的自然而然的呼吸，是由鍛鍊而獲得的由必然王國到自由王國過渡的結果。在此階段，以腰脊為主的腹部運動亦趨向更高級的階段。身法的折疊、開合已脫去了外表的形式，丹田內轉使得內勁出入更加流暢；柔化剛發，內勁彈抖已不再是弄勁的發力；生理上、心理上的感覺和現象日趨明顯，達到「功欲罷不能」的境界。此時方可稱為修練太極長拳的地步。

長 拳 圖 解

長拳歌訣

懶紮衣立勢高強，丟下腳出步單陽。七星拳手足相顧，探馬勢太祖高傳。當頭炮勢沖人怕，中單鞭誰敢當先。跨虎勢挪移發腳，拗步勢手足活便。壽桃勢如牌抵進，拋架子當頭按下。孤身炮，打一個翻花舞袖。拗鸞肘，左右紅拳，玉女穿梭倒騎龍。連珠炮打的是猛將雄兵。猿猴看果誰敢偷，鐵甲將軍也要走。高四平，迎風躦子，小紅拳，火焰攢心。斬手炮，打一個鳳鸞藏肘。窩裏炮，打一個井纜直入。直入勢，庇身拳，轉身吊打。指襠勢，剪臁踢膝。金雞獨立，朝陽擊鼓。護心拳，專降快腿。拈肘勢，逼退英雄。嚇一聲小擒拿休走，拿鷹捉兔硬開弓。下紮勢，閃驚巧取。倒紮勢，誰人敢攻。朝陽手，便身防腿，一條鞭打進不忙。懸腳勢，誘彼輕進。騎馬勢，沖來敢當。一霎步，往裏就踩。下海降龍，上山伏虎。野馬分鬃，張飛擂鼓。雁翅勢，穿莊一腿。劈來腳勢，入步連心。雀地龍按下，朝天磴立起。雞子解胸，白鵝掠翅，黑虎攔路，胡僧托缽。燕子銜泥，二龍戲珠，賽過神槍。丘劉勢，左搬右掌。鬼蹴腳，撲前掃後。霸王舉鼎，韓信埋伏。右山勢，左山勢，前沖後沖。觀音獻掌，童子拜佛。翻身過海，回回指路。敬德跳澗，單鞭救

主。青龍舞爪，惡馬提鈴。六封四閉，金剛搗碓。下四平，秦王拔劍。存孝打虎，鍾道仗劍。佛頂珠，反蹚莊望門攢。下紮勢，上一步封閉提拿。推山二掌，羅漢降龍。左轉紅拳左跨馬，右轉紅拳右跨馬。左搭袖，右搭袖，回頭摟膝拗步。插一掌，轉身三請客。掩手肱拳雙架梁，單鳳朝陽，回頭高四平金雞曬膀。托天叉，左搭眉，右搭眉，天王降妖。上一步鐵幡杆，下一步子胥拖鞭。蒼龍擺尾，仙人摘乳，回頭一炮拗鸞肘。踩子二紅仙人捧玉盤，夜叉探海，劉海捕蟬，烈女捧金盒。直符送書，回頭閃通背窩裏炮。收回去雙龍抹馬，急回頭智遠看瓜。自轉兩拳護膝，當場按下。滿天星，誰敢與吾比併。

動作名稱

起　勢（預備勢）
1. 懶紮衣立勢高強
2. 丟下腳出步單陽
3. 七星拳手足相顧
4. 探馬勢太祖高傳
5. 當頭炮勢沖人怕
6. 中單鞭誰敢當先
7. 跨虎勢挪移發腳
8. 拗步勢手足活便
9. 壽桃勢如牌抵進
10. 拋架子當頭按下
11. 孤身炮
12. 打一個翻花舞袖
13. 拗鸞肘
14. 左右紅拳
15. 玉女穿梭倒騎龍
16. 連珠炮打的是猛將雄兵
17. 猿猴看果誰敢偷，鐵甲將軍也要走
18. 高四平
19. 迎風踩子
20. 小紅拳火焰攢心
21. 斬手炮，打一個鳳鸞藏肘
22. 窩裏炮，打一個井纜直入

23. 直入勢
24. 庇身拳
25. 轉身吊打
26. 指襠勢
27. 剪臁踢膝
28. 金雞獨立
29. 朝陽擊鼓
30. 護心拳
31. 專降快腿
32. 拈肘勢逼退英雄
33. 嚇一聲小擒拿休走
34. 拿鷹捉兔硬開弓
35. 下㮣勢閃驚巧取
36. 倒㮣勢誰人敢攻
37. 朝陽手
38. 便身防腿
39. 一條鞭打進不忙
40. 懸腳勢誘彼輕進
41. 騎馬勢沖來敢當
42. 一霎步往裏就踩
43. 下海降龍
44. 上山伏虎
45. 野馬分鬃，張飛擂鼓
46. 雁翅勢穿莊一腿
47. 劈來腳勢
48. 入步連心
49. 雀地龍按下

50. 朝天磴立起
51. 雞子解胸
52. 白鵝掠翅
53. 黑虎攔路
54. 胡僧托鉢
55. 燕子銜泥
56. 二龍戲珠
57. 賽過神槍
58. 丘劉勢
59. 左搬右掌
60. 鬼蹴腳撲前掃後
61. 霸王舉鼎
62. 韓信埋伏
63. 右山勢
64. 左山勢
65. 前沖後沖
66. 觀音獻掌
67. 童子拜佛
68. 翻身過海
69. 回回指路
70. 敬德跳澗
71. 單鞭救主
72. 青龍舞爪
73. 惡馬提鈴
74. 六封四閉
75. 金剛搗碓
76. 下四平

分勢圖解

圖解方向說明：由於太極拳運動的普及，練習者的增多，運動場地多在各城市的社區，所以動作圖解中的方向不以傳統的東、南、西、北來標誌。

改為：場地的前方、後方、右側方、左側方，四個正方向。其餘的四個斜方向為：場地的右前方、左前方、右後方、左後方。這樣便於教學和學習。

預備勢

　　頭頸正直，下頜微向後收，齒輕合，唇輕閉，眼向前平視，頂勁虛虛領起，精神內斂，外示沉靜安逸。

　　含胸塌腰，立身中正，兩肩微向前捲下沉，脊背要有上下對拉拔長之意，兩臂肘隨肩微向前捲，微向兩側後彎曲，兩手中指肚輕輕貼在腿兩側，使兩肩、肘、腕、掌背外圍掤勁不失。這樣，當受外力影響，便於引化進攻。

　　鬆胯，開襠，兩膝微屈，使襠部有圓虛之感，兩膝有合意，兩腳五趾抓地，湧泉穴要虛，在掤勁不失的基礎上全身放鬆，意存丹田，呼吸自然；兩腳尖微向外撇，寬與肩同，呈不丁不八的步型（圖 0-1）。

　　【要領】此勢亦為無極式、太極式，練拳之前由無極而太極靜立一段時間，對提高練習的效率很有益處，不可輕視。

圖 0-1

懶紮衣立勢高強

【動作一】

丹田略右引左轉，重心右移再隨轉身移左。同時雙手微逆纏開變順纏裏合，以左手領勁隨上步經胸腹中線向下頷前托穿，手心向上，指尖向前，右手撫於左腕肘之間；左腿裏合隨之上步開，足跟先著地踏實呈左弓步；先吸後呼氣，眼看左手前（圖1-1、圖1-2）。

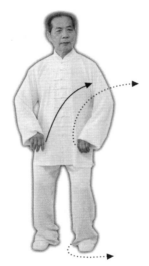

圖 1-1

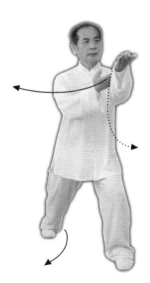

圖 1-2

【動作二】

丹田左引右轉再變左轉下沉，重心移左再移至中定。
同時右腿隨上步裏合外開落於左腿旁，同肩寬踏實；左手
順變逆纏向右、向下、向左畫弧至左腹側後握拳變逆纏突
腕背，拳眼附於左肋側下；右手順纏纏托穿至左肩前變逆
纏經左小臂上向右畫平弧外開，變順纏握拳略下沉，高與
右肩平，眼隨右手再看前。先吸後呼氣（圖1–3）。

【要領】此勢在頂勁不丟的前提下開合旋轉，定勢時
全身一起下沉至丹田、腳跟。陳氏太極拳第一路的懶紮衣
動作即由此勢演變而來。其含義可參考一路太極拳。

圖 1–3

丟下腳出步單陽

【動作一】

丹田微右引左旋，重心微右移後移左。右腳經左腳後向左後撤步點地呈插步。右拳逆變順纏向右上換勁後，向下向左畫弧至左腕側，突腕裏；同時左拳繼續逆纏裏合至左小腹側，左肘略向右前合。目光由右上至左肘前，先吸後呼氣（圖 2-1）。

【動作二】

以左腳跟、右腳尖為軸，丹田右轉 180 度後再向左抖動，重心右移再偏左。兩腿在轉身後左腳向左上步踏實，右腳跟進呈偏馬步。兩拳雙逆變雙順纏，由中線下畫上弧經鼻尖向左右抖發，左拳略高於肩，右拳略低於肩，左拳心向裏，右拳心向上。兩肘下對兩膝。先吸後呼氣，眼看左前下（圖 2-2）。

圖 2-1　　　　　　　　圖 2-2

【要領】轉身時合，上步時發。襠部鬆圓，兩肩要平。

七星拳手足相顧

【動作一】

丹田左轉，同時身左轉45度，重心全部移於左腳。右腿逆纏裏合，腳跟向後上挑起。同時兩拳逆纏上挑，左拳在左額前，拳心向左前下；右拳在右大腿上方，拳心向後。先吸後呼氣，眼看右後下（圖3-1）。

【動作二】

丹田左轉，同時身向左轉45度，重心隨上步移偏右。右腳向左上一大步，左腳隨即跟進鏟地，呈右弓步。兩拳左順右逆纏向上十字交叉合於胸前，拳心向裏，右拳在外。呼氣，眼看兩拳前（圖3-2）。

圖 3-1　　　　　　　圖 3-2

【動作三】

同動作一，只是起點不同，動作反之（圖 3-3）。

【動作四】

同動作二，動作反之（圖 3-4）。

【要領】七星，指的是人體頭、肩、肘、手、胯、膝、腳七個部位。此勢充分體現了這七個部位上下、左右、前後相吸相顧的特點。腳後挑時，雖然身體略斜，但仍需斜中寓正。後挑之腳向前時，應以身後之拳領腳，做到拳到腳到。

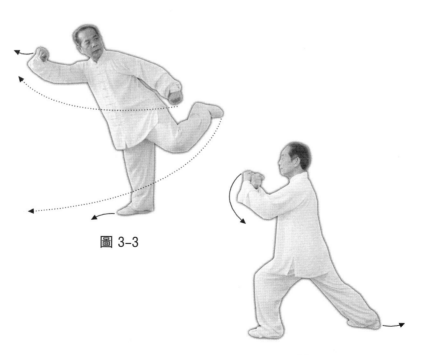

圖 3-3

圖 3-4

探馬勢太祖高傳

【動作一】

丹田微左引右轉，身螺旋下沉，重心微右移。同時右腳隨身下沉向後挪移半步，重心仍偏於左腳。雙拳粘連向前上逆纏換勁，順纏向下畫弧至腹前中線，拳心向上，左拳在前，右拳貼在左腕上。先吸後呼氣，眼看身前（圖 4-1）。

【動作二】

丹田左轉，身後移略上升，重心移右腿。左腿撤至右腿左側後點地與肩同寬。右拳逆纏向前上抖發，高與鼻平；同時左臂肘配合右臂向後抖發，左拳突腕背，位在左肋下。呼氣，眼看右拳前（圖 4-2）。

【要領】這是以丹田為主的彈抖動作，故要立身中正，頂勁領起，意氣下沉。

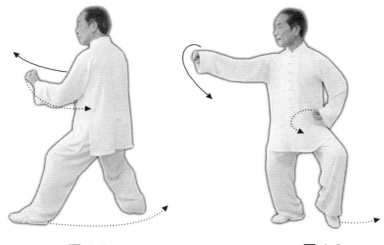

圖 4-1   圖 4-2

當頭炮勢沖人怕

【動作一】

丹田微右引左轉,身螺旋下沉左轉 45 度,重心略偏左。左腿後撤一大步,同時雙拳右逆左順纏向右上引接勁變左逆右順纏,由身前走下弧向下将採。左拳拳心向下位於左胯旁,右拳拳心向上位於腹部左側。右肩略向前,和右膝相合。先吸後呼氣,眼看身前(圖5-1)。

【動作二】

丹田微左下沉引接右轉,身右轉 90 度,重心偏右。同時收提右腿,右腳落於左腳處,左腳前出落於右腳原來的位置。雙拳左順右逆纏畫上弧經左耳側變雙順纏畫下弧,合至腹前中線,兩拳拳心向上,右拳背貼附於左小臂裏側。先吸後呼氣,眼看左拳前(圖5-2)。

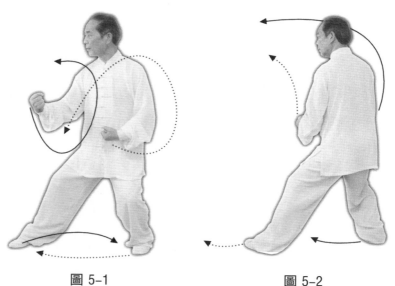

圖 5-1   圖 5-2

【動作三】

　　丹田右引左轉，身螺旋略上升左轉 45 度，重心偏左。同時左腿前移，右腿隨鏟地跟進，呈左弓步。同時雙拳雙順變雙逆纏隨轉身，先右下略沉後畫上弧向前擊出，兩拳相對，拳眼向裏，兩拳相距一拳，右拳位於太陽穴前。先吸後呼氣，眼看前上（圖 5-3）。

　　【要領】分解動作是為了使練習者能夠便於學習和充分掌握拳的規律，在套路的演練時應注意動作的協調和連貫，突出太極拳的風格。尤其是分解動作二、三更應注意。

圖 5-3

中單鞭誰敢當先

【動作一】

丹田右引左轉，重心前移偏右。同時右腿上步踏實呈右弓步。雙拳變掌在腰脊的帶動下略逆纏開隨變順纏合而後開；右手走裏下弧經胸前至右腿前，高與喉齊，掌心向左下，指尖向左上；左手畫弧由左向前、向右、向裏收於左上腹部，手心向上，小指側貼腹；兩臂交叉而過，形呈抖發。先吸後呼氣，眼看右手前（圖6-1）。

圖 6-1

【動作二】

丹田右引左轉，帶動身體左轉 90 度，重心移右。同時右腿順變逆纏，以腳跟為軸腳尖裏扣 45 度踏實；左腿逆變順纏裏合後開，左腳虛點於右腳旁。同時右手順變逆纏呈勾手，突腕背，略高於右肩；左掌心向上順纏上托穿至右肩前，變逆纏，走上弧向左外抖劈，高與肩平。先吸後呼氣，眼看左掌前（圖 6-2、圖 6-3）。

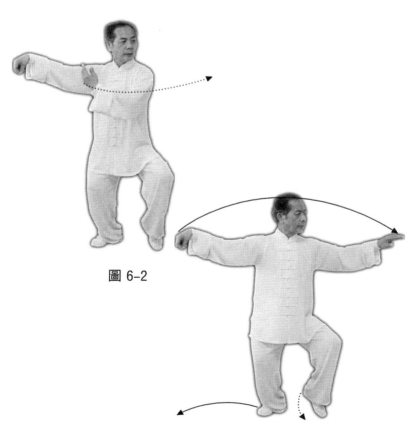

圖 6-2

圖 6-3

【動作三】

　　丹田左引右轉帶動身體左轉45度，再右轉90度，胸向場地的右前方。左腳腳跟著地踏實，右腳向右橫開一步，重心移右；左腳繼之收回，虛點右腳旁。同時右鉤手變掌，逆變順纏向左斜劈，於左掌合於頭面前，左掌背貼附於右小臂裏側近腕處。隨身右轉，右掌變勾手拉向右肩前外；左手粘附不脫。先呼後吸氣，眼看左肩前（圖6-4、圖6-5）。

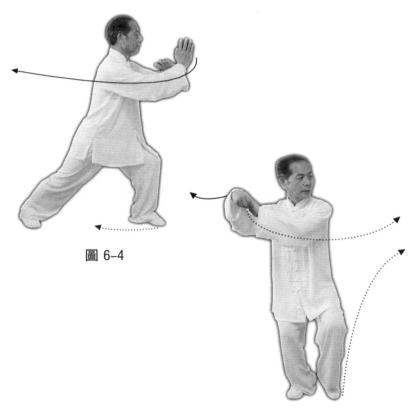

圖 6-4

圖 6-5

【動作四】

丹田左旋帶動身體向左轉 90 度，重心全部在右腿。同時左腿提起向左橫蹬出，高與胯同，右腿踏實；同時左掌向左橫劈，右勾手在原位逆纏領勁不動。呼氣，眼看左手前（圖 6-6）。

【要領】此勢大開大合須由丹田領動，立身中正，頂勁不失。劈、蹬要鬆活彈抖。充分體現出「力由脊發」的特點。

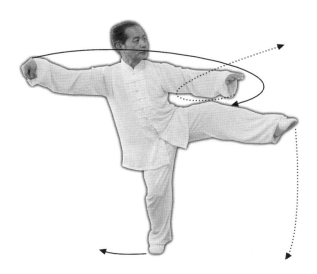

圖 6-6

跨虎勢挪移發腳

【動作一】

丹田左下旋帶動身體向左轉 90 度，面向場地左方，重心在左。左腳向左落地踏實；右腳稍後撤，呈左弓步。同時，右勾手變掌順變逆纏由右上向身前畫弧按下，左掌順纏由外向裏經腹前向前上托穿，右手掌背向上位於左肘下，左高與鼻尖齊。先吸後呼氣，眼看左手前（圖 7–1）。

【動作二】

丹田微右下旋變左上旋，帶動身形微下沉後坐再微上升，重心在右，方向不變。同時雙手逆纏隨身體後坐在身

圖 7–1

前呈十字手護在胸下，左手在外，隨即雙手隨左腿的向前翹推向右上、左下逆纏展開，右手位於右額旁，手心向右外上，左手位於左腹外側，手心向作外下。左腿在身體後坐以後，配合身形上起提膝向前發出翹腿，高不過膝；右腿隨身體後坐稍後移踏實站穩。先吸後呼氣，眼看身前（圖7-2）。

【動作三】

丹田微右旋帶動身體下沉向前，重心移左，方向不變。左腳前跨落地踏實呈弓步。左掌順纏裏合從中線前穿，高與額平；右掌順纏外向前走平圓至中線，再裏合於左肘下，掌心向上。呼氣，眼看左手前（圖7-3）。

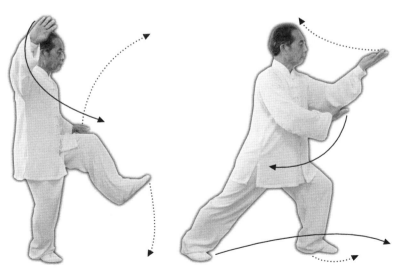

圖 7-2　　　　　　　　7-3

【動作四】

　　丹田右轉帶動身體右轉 90 度，重心移右腿，面向場地的後方。同時右腳向前上一步，腳跟先著地，隨即腳尖裏扣踏實，略突右胯；左腳畫後弧收在右腳旁，腳尖虛點地。雙手順變逆纏左上右下分開，左手呈掌位於左額前，右手呈勾，位於身後。氣息鬆沉，眼看身右（圖 7-4）。

　　【要領】此勢身法靈活，忽開忽合，起落進退始終不離立身中正的要求。忌前俯後仰，左歪右斜。翹腿時意注腳尖。

圖 7-4

拗步勢手足活便

【動作一】

　　丹田右旋帶動身體右轉 90 度，面向場地左側，重心偏左。左腳外旋向右蓋步踏實，右腳跟離地呈拗步；同時雙手逆變順纏，外開後裏合經胸前穿，右手在前高與鼻同，左手附於右小臂裏側。先吸後呼氣，眼看身前（圖 8-1）。

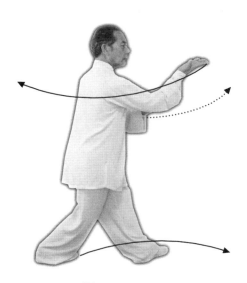

圖 8-1

【動作二】

丹田右旋帶動身體右轉 90 度，面向場地正前方，重心偏右。右腳上步，先腳跟著地隨轉身腳尖外撇；左腳跟離地呈拗步。同時手雙順纏裏合變雙逆纏外開橫劈抖出，雙手手心向下，高與肩平。先吸後呼氣，眼看右手前（圖 8-2）。

【要領】兩次拗步勢腰胯要鬆活，頂勁領起，立身中正。橫劈時應主宰於腰脊。

圖 8-2

壽桃勢如牌抵進

【動作一】

　　丹田右轉帶動身體右轉 90 度，面向場地右側方，重心偏左。左腳向場地左側退一步，右腳提起，隨即向場地右側上步，左腳鑽地跟進。同時雙掌變拳，逆變順纏略開後裏合經胸前掤，右拳高與鼻齊，右小臂豎起；左拳貼附於右小臂近肘處，兩拳拳背向前。先吸後呼氣，眼看身前（圖 9-1）。

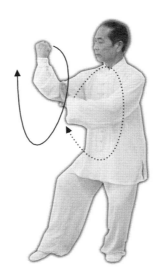

圖 9-1

【動作二】

丹田左旋右轉帶動身體左轉約 90 度，再右轉約 45
度，面向場地右前側，重心在左。同時左腳後退一步踏
實，右腳隨之收回呈虛步點地。雙拳於左轉時變掌雙逆纏
交叉上掤至頭面，然後畫外弧外分，變順纏裏下合後，右
掌再順纏變拳上穿前掤，高與下頷齊，拳心向裏；左掌隨
同變立掌附於右小臂裏側近肘處。先吸後呼氣，眼看右拳
前（圖 9-2）。

【要領】第一次前捧以右腳領身上步，腳尖不能上
翹。此勢也稱護心捶、獸頭勢。

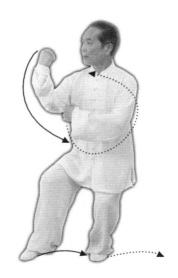

圖 9-2

拋架子當頭按下

【動作一】

丹田略右上引左下旋帶動身形開合,方位不變,重心仍在左腳。兩腳不動。同時胸腹折疊開合帶動上肢,右手逆纏上掤至額前,變順纏弧形下劈至襠前;左手配合右手先逆纏下壓至小腹前,然後再逆纏以指尖領勁上攔至右下頷前。先吸後呼氣,眼看右上側(圖10-1)。

【動作二】

丹田左引右轉帶動身體右轉90度,面向場地右後方,重心在左。同時右腳提起落在左腳的位置,左腳同時落在右腳的位置,形呈「倒步」。雙手左逆右順纏在胸前略合變左順右逆纏,在轉身過程中左手弧形劈至襠前,右手弧形上攔至左下頷前,先吸後呼氣,眼看左上側(圖10-2)。

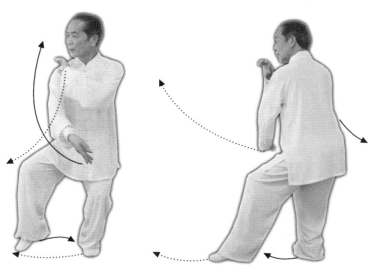

圖 10-1　　　　　　　　　圖 10-2

【動作三】

丹田右下引左上轉帶動身形開合，方向不變，重心在左。左腳向場地右前方橫進一步，右腳隨鑔地跟進。雙掌右順左逆纏便有逆左順纏略合後開；右手開至右胯前，左手開至左上方，高與眼眉齊。先吸後呼氣，眼看左上側（圖10-3）。

【動作四】

丹田左下引右上旋帶動身形開合，方向不變，重心在右。右腳向場地左後方橫進一步，左腳隨鑔地跟進。雙手左逆右順纏在身前弧形合住，然後開。合時：左手在下頜右前，右手在左腹前；開時：左手在左胯旁，右手在右上，高與眼眉齊，先吸後呼氣，眼看右上側（圖10-4）。

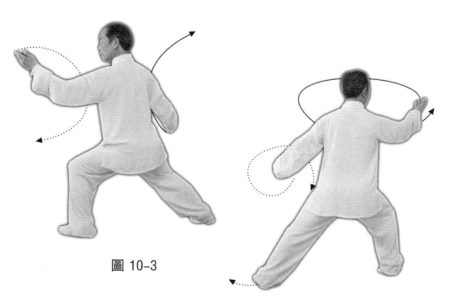

圖 10-3

圖 10-4

【動作五】

丹田左引右旋帶動身體略右上轉，然後左轉螺旋下沉。左腳略外開呈左仆步。同時右手順變逆纏隨身轉，先弧形向左上引，然後略下弧運至頭部右上方；左手先逆纏走下弧至左肋外，然後走上弧，先順後逆纏按向右襠前。先吸後呼氣，眼看左下側（圖 10-5）。

【要領】此勢動作左右、上下對稱，身形開合折疊要連貫協調，腳步要輕靈。功架既防止散亂，又不能顯得拘謹，要中庸大方。

圖 10-5

孤身炮

【動作一】

丹田右引左轉帶動身形左轉 45 度，面向場地右側方，
重心移左。同時左腳外撇，呈左弓步。雙手雙逆纏隨身右
引變拳雙順纏從中線前穿。左拳略長，高度在下頜前；右
拳貼附於左小臂裏側近腕處，兩拳心向裏。先吸後呼氣，
眼看左拳前（圖 11-1）。

圖 11-1

【動作二】

　　丹田略左引右轉帶動身體略下沉再上升，方向不變，重心仍在左。左胯下沉，重心全部移於左腳；右腳提起翅腿。同時左拳順變逆纏下蓋，拳心向下，拳背上對右肘尖；右拳在左小臂裏順纏握拳上穿至鼻尖前，再變逆纏外掤，拳眼向裏對右面頰。先吸後呼氣，眼向前平視（圖11-2）。

　　【要領】在演練時要充分體現出「欲左先右、欲上先下」的要求。在起身時左胯需鬆沉，頂勁虛領，氣向下沉，左胯與右膝有上下對拉之意，全身裹住勁。

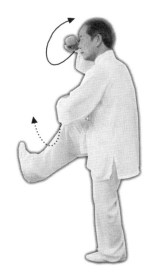

圖 11-2

打一個翻花舞袖

【動作一】

丹田左引右旋帶動身體右轉 45 度，面向場地的右後方，重心仍在左。左胯螺旋下沉，右膝略上提裏合。雙拳左順右逆纏變左逆右順纏向左下採，然後再變左順右逆纏在原位向右上捧勁蓄勢。先吸後呼氣再變吸，頭向右後轉，眼看右肩外（圖 12-1）。

【動作二】

丹田右轉上升再下沉帶動身體騰空右轉 135 度落地，面向場地左方，重心偏左。右腳先落地踏實，左腳繼之落

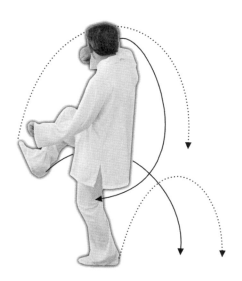

圖 12-1

在右腳前方。雙拳左逆右順纏下採後，隨轉身畫立圓雙順纏下落在身前中線；左拳高與臍齊，下對左腳尖，右拳輪貼附於右小臂裏側近肘處。先吸後呼氣，眼看左拳前（圖12-2）。

【動作三】

丹田微右下沉左旋再右下沉，帶動身形略右下開，再向左前上升再下沉，方向不變，重心偏右。雙腳左逆右順纏後左腳蹬地向左前躍起，右腳躍過左腳落地，左腳隨後落在右腳前。雙手變掌逆纏裏下合再開於兩膝旁，隨躍步雙順纏畫外弧向頭上合，變雙逆纏經中線交叉按下，再逆纏外分至兩膝旁，兩手心向外，指尖向下。先呼後吸再呼氣，眼視左前方（圖12-3）。

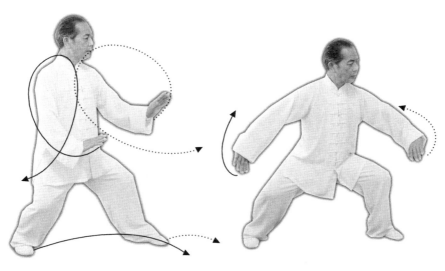

圖 12-2　　　　　　　　　　圖 12-3

【動作四】

丹田略右引左旋帶動身體右轉 135 度，面向場地右前方，重心偏左。同時兩腿在身法折疊的帶動下，左逆右順纏變右逆左順纏，呈左半馬步。同時兩掌逆纏向兩側外分上提，突腕背，隨之變雙順纏呈雙虎爪，兩掌心向上，高與肩齊。先呼後吸氣，眼看右手前（圖 12-4）。

【要領】兩次跳躍動作要求不同，第一次跳躍動作是翻身落步，要求意氣下沉如灰袋落地；第二次則要求躍的輕、遠、落地沉穩。雙手畫圈要協調，如長袖飄舞，但開合起落的意氣不失。

圖 12-4

拗鸞肘

【動作一】

丹田微左旋帶動身形略開，重心偏左，方向不變。兩腿右逆左順纏，左下突小腹。兩手在原位，左爪順纏變掌，掌心向裏，指尖斜向左上；右爪逆纏變掌，掌背向裏，指尖橫向左前。吸氣，眼看右手前（圖13-1）。

【動作二】

丹田右旋帶動身體右轉45度，面向場地右側，重心移右。右腳以腳跟為軸腳尖外撇，左腳隨鏟地跟進，呈右弓步。左肘前合，左掌順變逆纏向右迎合，並繼續向下突腕背，以虎口貼臍上小腹中線；右掌逆纏突腕背，掌心貼附於左小臂尺骨一側。呼氣，眼看左肘尖前（圖13-2）。

【要領】左肘尖畫立圓有車輪前滾之勢，雙手纏拿及左肘前合要緊湊。

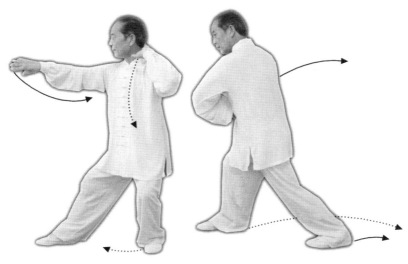

圖 13-1　　　　　　　圖 13-2

左右紅拳

【動作一】

丹田右旋帶動身體向右後轉 90 度，面向場地背面，重心在右腿。右腳向後撤一步；左腳隨向右腳靠近虛點地。同時右掌順變逆纏握拳，突腕背向右側頂肘，右拳眼貼附於右側胸乳下；左掌附於右腕外側。呼氣，眼看右側（圖14-1）。

【動作二】

丹田略右引左旋，方向不變，重心在左。同時左腳向左側橫開一步；右腳隨向左鏟地跟進，呈左橫襠步。左手變拳順變逆纏向左發頂肘。左拳眼貼附於左側胸乳下；右手變掌貼附於左手腕處。先吸後呼氣，眼看左側（圖14-2）。

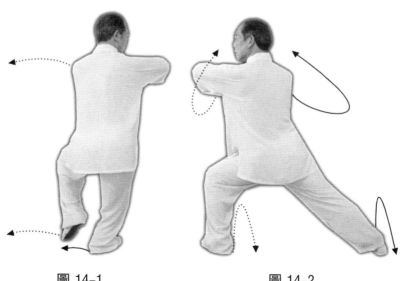

圖 14-1　　　　　　　　　　圖 14-2

【動作三】

丹田微右引左旋帶動身形折疊，方向不變，重心在中。兩腳原地騰空落下震腳，呈馬步。同時兩拳順纏外翻，向上裏合經頸項兩側變逆纏，略下壓旋轉向前發雙沖拳，拳背向上，與乳同高，兩拳之間一拳之隔。先吸後呼氣，眼看兩拳前（圖14-3）。

【要領】左右頂肘要連貫，兩拳前沖走下弧。

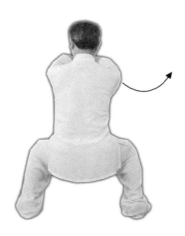

圖 14-3

玉女穿梭倒騎龍

【動作一】

丹田微左旋帶動身形略開,重心偏左,方向不變。兩腿右逆左順纏,左下突小腹。兩手逆變順纏呈虎爪,向左右雙開;左爪置於左肩略外,掌心向上,突腕裏,掌心向上;右爪置於右肩右方,突腕裏,與肩同高。吸氣,眼看右手前(圖 15-1)。

【動作二】

丹田右旋帶動身體右轉 450 度,面向場地左側方,重心偏左。左腳向場地左側前躍,右腳蹬地騰空轉身,左腳先落地,右腳落於左腳前。躍出時,雙虎爪變掌,左掌呈立掌逆纏從右掌心上向前推出;落地時,右掌從左掌心上推出。左指尖對右手腕,兩手相隔一拳。呼氣,眼看右掌前(圖 15-2)。

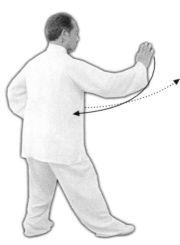

圖 15-1 　　　　　　　　　　圖 15-2

【動作三】

丹田略左引右旋帶動身形折疊開合，方向不變，重心移右。右掌順變逆纏下蓋。左掌逆變順纏，掌心向上從右掌背上穿出，高度齊胸。先吸後呼氣，眼看左掌前（圖15-3）。

【動作四】

丹田右引左旋帶動身體左轉 15 度和 30 度之間，重心移左。左腳向前上步，呈左弓步。同時右掌逆變順纏從左掌背上穿出至額前，變逆纏外掤，虎口對額中線，指尖對左後上；左掌逆纏變左勾手，勾至左臀後側。先吸後呼氣，眼看左前略上方（圖 15-4）。

【要領】躍步轉身要丹田提氣，前躍、轉身、落地要輕靈沉著。穿換掌要與整體動作連貫協調。定勢要以意引導，有龍行於天，餘味不盡之感。

圖 15-3　　　　　　　　　　　圖 15-4

連珠炮打的是猛將雄兵

【動作一】

丹田微左引右旋帶動身體右轉 15 度和 30 度之間，面向場地左側方重心在左。左腳越過右腳後撤，腳跟向後鑱地有聲，重心坐在左腳；右腳隨之後撤。同時，右拳變掌逆纏略前引隨變順纏旋臂回抽；左勾手變拳，逆變順纏由左肋經右腕背下前沖，拳心向上，高度在胸腹之間。先吸後呼氣，眼看左拳前（圖 16-1）。

【動作二】

丹田左轉右旋反覆兩次帶動身法折疊，開合兩次，重心變換是右、左、右、左，方向不變。兩拳在身法的帶動下反覆向前搠出；先是右拳順變逆纏，突腕背從左拳上捧出，高度在胸腹之間，左拳順纏收回；然後是左拳順變逆

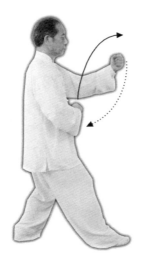

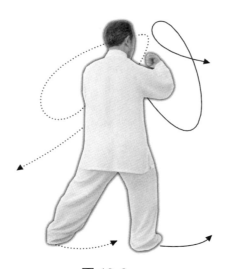

圖 16-1   圖 16-2

纏掤出，右拳順纏收回。如此再反覆一遍，即右、左拳再各掤出一次。最後以左拳在前，重心偏左為定式。掤出為呼，換勁時為吸氣，眼注兩拳的轉換（圖16-2）。

【動作三】

丹田左轉為右旋帶動身體左轉約90度，再微右轉螺旋下沉，面向場地的右後方，重心偏右。左腿隨丹田左轉收至右腿旁踏實；右腿向前上步，腳尖裏扣，隨身下沉呈左仆步。同時，雙手隨身左轉雙逆纏向下、向外開，繼續變雙順纏由外畫弧向上、向頭面部交叉相合，在呈仆步的同時兩拳變雙逆纏向兩側開，左拳在左胯外；右拳在右額外。先呼後吸再呼氣，眼看左前下（圖16-3）。

【要領】動作一中右拳裏抽，手臂必須在一條線中旋轉著牽引後抽稱「洞裏拔蛇」。兩拳的滾動需連貫協調，一氣呵成。呈定時重心螺旋下沉。

圖 16-3

猿猴看果誰敢偷，鐵甲將軍也要走

【動作一】

丹田左轉帶動身體左轉 90 度向場地右側方騰空。重心移左腳，右腳前踢，左腳蹬地騰空繼之踢起。同時雙拳雙逆變雙順纏向頭面前雙合上沖，左拳在外，右拳背貼在左拳腕裏側，兩拳突腕護住頭面。眼從兩拳交叉處前看（圖17-1）。

【動作二】

右腳落地，左腳繼之前落，重心前移呈左弓步。落地時雙拳順變逆纏下扣至襠前，左拳壓在右拳背上；呈弓步時變雙順纏，右拳向前下擊出，左拳收至左脇。呼氣，眼看襠前（圖17-2）。

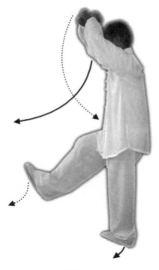

圖 17-1

圖 17-2

【**要領**】躍起時，雙拳上領。在空中連發翅腿。出拳時，有左右對拉勁，右拳如劍刺出。頂勁上領，鬆胯下沉。

高四平

【**動作一**】

丹田右下旋左轉帶動身形折疊，左轉 90 度，重心在左，胸向場地正面。左腳監外撇，右腳向場地右側上一步腳尖點地呈右虛步。同時雙手在腰脊的帶動下逆纏換勁，雙順纏走下弧向左上身前領起；右手為在右肩前，手心向上；左手位於中線左側和右肘相合。先吸後呼氣，眼看右手前（圖 18-1）。

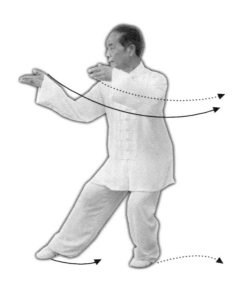

圖 18-1

【動作二】

　　丹田左轉帶動身體左轉90度，面向場地的左側方，重心移左。同時右腳以腳尖為軸腳跟外轉落地，隨身體轉動左腳略收；隨之左腳向場地左側進步，右腳鏟地跟進，重心前移呈高架左弓步。同時雙手在轉身時雙逆纏合於身前中線略下沉，隨進步雙手順纏上托變逆纏立掌前掤。兩掌小指側向前，指尖與眼同高。呼氣，眼看雙手前（圖18-2）。

　　【要領】四平，指的是兩手指尖前後平、指尖與眼平、兩肩橫向一線平、前手下對腳尖平。

圖 18-2

迎風跺子

【動作一】

丹田左轉帶動身體左轉 270 度，面向場地的正方向，重心在右。左腳以腳跟為軸隨身轉腳尖外展，右腳略提起隨身轉在左腳旁，落地震腳，同時左腳在右腳旁提起懸虛。同時雙掌逆纏向下、向左右開，繼之右手變拳，雙手雙順纏畫外弧向頭面前交叉相合，右拳在外，再從中線下落經臍前向右旁略開。先吸後呼再吸氣，眼看左前（圖19-1）。

圖 19-1

【動作二】

　　丹田微右下沉轉帶動身體略右轉，重心在右。鬆沉右胯，左腳提起勾腳向左橫蹬，力聚腳跟，高與腰齊。同時，右拳左掌繼續向右外開略上提，左掌附於右小臂，右拳離腰約尺許。呼氣，眼看左腳前（圖19-2）。

【要領】 此勢轉動的動力在於丹田的轉動，也就是在鬆胯屈膝的基礎上腹部的旋轉。動作要求靈活快速，震腳需沉著有力，左腳橫蹬和右拳外開形成對稱的勁。

圖 19-2

小紅拳火焰攢心

【動作一】

丹田略左引右轉帶動身體右轉 90 度，面向場地右側方，重心在右。左腿收回提膝裏合；右腳以腳跟為軸心，腳尖右轉，正對場地右側方。右拳逆纏突腕背向中線裏合，經胸前變順纏隨身轉向上、向右、向下畫弧外翻至右腹下，拳心向上；左掌貼附於右小臂，轉身時呈立掌略逆纏由胸前前推。先吸後呼氣，眼看左掌前（圖 20-1）。

【動作二】

丹田略右沉轉帶動身體略右螺旋下沉，方向不變，重心偏右。右胯鬆沉，左腳向前跨出，腳跟著地。左掌變勾手略逆纏向前提至左肩前方，指尖向下；右拳在原位繼續略順纏。吸氣，眼看左腕前（圖 20-2）。

圖 20-1　　　　　　　　圖 20-2

【動作三】

　丹田略左轉帶動身體略左螺旋上升，方向不變，重心移左。左腳踏實，右腳隨鏟地，呈高架左弓步。右拳順變逆纏向前擊出，拳心向下，高與心窩同；左勾手繼續逆纏，以腕背貼附於右小臂尺骨一側近腕處。呼氣，眼看右拳前（圖20-3）。

　【要領】此勢以鬆胯屈膝、丹田內轉帶動右手的纏、壓、擊動作。左腕的上攔和右胯的鬆沉形呈斜線的對拉拔長。

圖 20-3

斬手炮，打一個鳳鸞藏肘

【動作一】

丹田右旋帶動身體右轉 225 度，面向場地的右前方，重心移右。右腿鬆胯屈膝以腳跟為軸，腳尖外撇向場地的右前方踏實；左腳同時腳跟離地旋轉，身右轉呈拗步。同時，右手變拳，雙手順纏隨轉身開，右手突腕背至鼻前約 25 公分，中指對鼻尖；左手突腕背至頭面左側，虎口對左耳；兩中指尖遙相對。吸氣，眼顧右掌（圖 21-1）。

【動作二】

丹田右上接下旋帶動身形折疊，方向不變，重心仍在右。左腳提起在右腳旁震腳。左掌突腕力逆纏下劈至右掌心；雙手下落至咽喉前。呼氣，眼看兩掌前（圖 21-2）。

圖 21-1

圖 21-2

【動作三】

丹田左旋右轉帶動身體左轉45度，右轉45度，方向不變重心偏左。右腳上步，腳跟著地。右掌逆纏向下、向裏略裏合，右掌逆纏向下、向裏略合，變順纏向左、向上、向右、向下立圓輪劈，位在右胸前；左掌變順纏貼附於右小臂裏側。先吸後呼氣，眼看右掌前（圖21-3）。

【動作四】

丹田右轉帶動身體右轉30度，方向偏向正向，重心移右。左腳上步腳跟著地，左掌變拳逆纏橫臂在胸前攔出，拳心向下；同時，右掌順變逆纏同左小臂合擊後拉回至腕部。呼氣，眼看左臂前（圖21-4）。

圖 21-3   圖 21-4

【動作五】

丹田左轉帶動身體左轉 35 度，面向場地的右前方，重心移左，呈左弓步。右掌逆纏虎口貼上腹部中線，右肘前合擊出；左拳變掌，順變逆纏裏合拍擊右小臂近腕處。呼氣，眼看右前（圖 21-5）。

【要領】此勢由兩部分組成，動作一、二是斬手炮部分，以下是鳳鸞肘部分，兩部分要如一勢一氣呵成。震腳、拉臂、擊肘要在輕靈中顯現出陽剛之氣。

圖 21-5

窩裏炮，打一個井纜直入

【動作一】

丹田右轉再微左引帶動身體右轉 180 度，面向場地的右後方，重心移右腿。右腿鬆胯屈膝身右轉 180 度的同時，左腳後退半步，右腿收回虛點地，再上右步左腳隨鑔地，呈右弓步。右手變拳逆變順纏畫上弧向右外翻至右膝上，再順纏向左移畫弧向右橫擊，拳心向上，高與肋同；左掌變拳略順纏變逆纏，手心向下附於右小臂裏，當右拳橫擊時逆纏上提和右拳形呈開勁，至左額前，拳心向外。先吸後呼氣，眼看右側外（圖 22-1）。

【動作二】

丹田略左引右轉帶動身形折疊開合，方向不變，重心在左。左腳後退半步，右腳收回虛點於左腳前，呈高虛步。兩拳左順右逆纏變左逆右順纏略換勁隨退步向左下

圖 22-1

採；隨收右腳兩拳在原位變左順右逆纏換勁呈左拳心向上，右拳心向下，隨即左拳逆纏畫外弧上提至頭面左側，拳眼對左耳；右拳順纏畫上弧外翻下落至右胯外，拳輪對右胯。呼吸配合是吸、呼、吸、呼，眼看右拳外（圖22-2）。

【動作三】

丹田左轉帶動身體左轉90度，面向場地的右前方，重心移右。右腳向身體的左前上半步，腳尖裏扣；左腳隨鑔地跟進呈右偏馬步。右拳畫外弧逆纏向上、向左至中線淺經頭面下栽，拳面對右膝略偏裏；左拳變掌順變逆纏向右、向下合於右小臂背側。先吸後呼氣，眼看右小臂外（圖22-3）。

【要領】此勢由窩裏炮和井纜直入二勢組成，窩裏炮的右手動作要由丹田引動發出；井纜直入的下插動作中，右小臂一側有向外的掤勁。

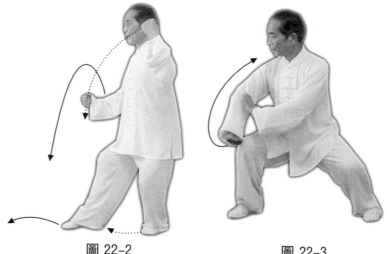

圖22-2　　　　　　　　圖22-3

直入勢

【動作一】

丹田右轉帶動身體右轉45度，面向場地右側方，重心移左。右拳在身法的帶動下逆變順纏，畫上弧向右上翻，高與肩同，拳背下對右膝；左掌略順纏立掌貼附於右小臂尺骨一側。吸氣，眼看右拳前（圖23-1）。

【動作二】

丹田左轉帶動身形折疊左轉45度，面向場地的右前方，重心仍在左。左腳不動，右腳向場地的右前方上半步。左掌右拳變逆纏向左右兩邊開分，再變順纏畫上弧合於頭面右側。先呼後吸氣，眼看右上（圖23-2）。

圖 23-1　　　　　　　　　圖 23-2

【動作三】

　丹田左旋帶動身體略下沉左轉45度，面向場地的正前方，重心移右。右胯鬆沉屈膝，左腳隨鑱地，呈不丁不八步。右拳逆變順纏豎小臂下旋壓肘，拳輪斜對鼻尖；左掌沾連不脫，貼附於右小臂。呼氣，眼看右前（圖23-3）。

　【要領】此勢身法靈活，上下開合互變，折疊旋轉，全以丹田內轉為基礎。

圖 23-3

庇身拳

【動作一】

丹田右轉帶動身體右轉 45 度，面向場地的右前方。此勢同「窩裏炮井纜直入」的動作二，唯方向不同（圖 24-1）。

【動作二】

丹田左轉帶動身體右轉 30 度，面向正方向稍偏右，重心在右。右腳上右前墊半步，左腳隨鑊地。右拳順變逆纏，向右上角擊出拳背向左，高與右額齊；左掌逆纏向右貼於右小臂。呼氣，眼看右拳前上（圖 24-2）。

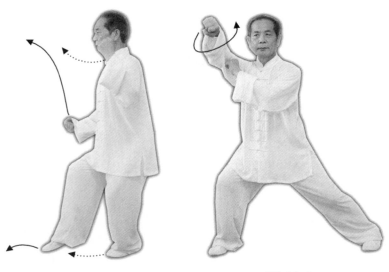

24-1　　　　　　　　　　圖 24-2

【動作三】

　　丹田左旋右轉帶動身形折疊左轉 90 度再右轉 45 度，面向場地的正方向重心偏右。兩腳不動，右小臂隨丹田左轉順纏裏合，隨丹田右轉逆纏肘部向右後掤出，右拳背對右額前；左掌沾連不脫，左肘逆纏略向前合。先吸後呼氣，眼看左前（圖 24-3）。

　　【要領】 此勢又名背折靠。動作三主要是練習背部的後靠。眼雖看左前，神態在身後，所謂「耳聽身後」。

圖 24-3

轉身吊打

【動作一】

　　丹田右引左轉帶動身體向右轉 45 度，再左轉 90 度，面向場地的左前方，重心不變。右拳隨身形的折疊開合，先逆纏向右上外開，變順纏經頭面向左，拳心始終不離中線鼻尖上部；左掌沾連不脫，隨右小臂旋轉。先吸後呼氣，眼看左前上（圖 25-1）。

圖 25-1

【動作二】

丹田左引右轉帶動身體右轉 225 度，面向場地的背面，重心在右。隨丹田左引，重心移左腳，右腳後掃，繼之左腳蹬地略騰起轉身，落地後，左腿橫開呈左仆步。右拳順變逆纏隨轉身外開，拳背對右額前；左掌握拳逆纏畫下弧，以拳面貼右肋下，肘略向前合。先吸後呼氣，眼看左前下（圖 25-2）。

【要領】此勢轉身要靈活，落地應無聲。眼、左肘尖、左腳尖要相照，定勢要兩肩平，立身中正。

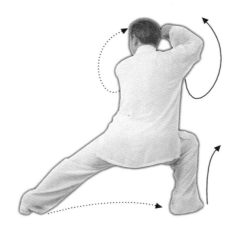

圖 25-2

指襠勢

【動作一】

丹田右轉帶動身法折疊，右轉 45 度，面向場地的左後方，重心在左。左腳向右腳靠近踏地，右腳隨即向右前方提起。同時兩拳雙逆纏畫裏弧向下、向外開至腰肋高度，變雙順纏畫外弧向上合於頭面前，右拳在左拳外，右拳略長。略呼後吸氣，眼看右前方（圖 26-1）。

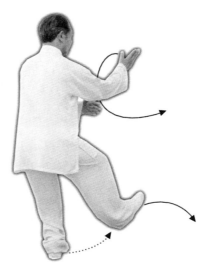

圖 26-1

【動作二】

丹田略右引左轉帶動身法折疊，方向不變，重心移右。右腳前落踏實，左腳隨鏟地，重心下沉，呈右弓步。兩拳雙順變雙逆纏交叉相合，從中線下沉至小腹前，再雙逆纏右前左後開。右拳下對右膝，拳背向上；左拳突腕背，拳眼貼附於左肋下。呼氣，眼看右拳前（圖 26-2）。

【要領】動作一、二要連貫一氣。此勢中的下開上合、前拳後肘均是在丹田運轉下進行。動作中保持立身中正，不可有前俯後仰的現象產生。

圖 26-2

剪臁踢膝

【動作一】

丹田左轉帶動身體向左轉45度，面向場地的後方，重心在右。右腳收回在左腳旁震腳；左腳隨即變虛。雙拳右逆左順纏相合於下腹前，兩拳左上右下脈門相對。吸氣，眼看左前側（圖27-1）。

【動作二】

丹田微右轉帶動身體螺旋略上升，方向不變，重心仍在右。右腿不動；左腳向右前勾踢。同時兩拳右順左逆纏向左、右外開，高與心窩齊。右拳拳心向上，橈骨一側外掤；左拳拳心向下，尺骨一側外掤。呼氣，眼看左前（圖27-2）。

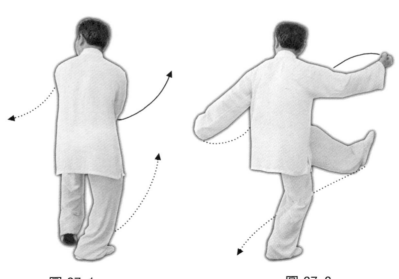

圖 27-1　　　　　　　　　　　圖 27-2

【動作三】

同動作一，唯左右反之，方向不變（圖 27-3）。

【動作四】

同動作二，唯左右反之，方向不變（圖 27-4）。

　【要領】左右換腳要靈活，左右勾踢要擦地而起，有突然脫扣之感。下面勾踢，上身漲掤。支撐腿要鬆胯屈膝。

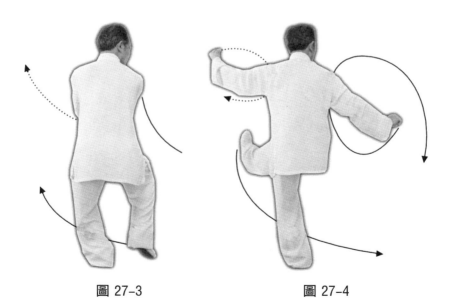

圖 27-3　　　　　　　　　圖 27-4

金雞獨立

【動作一】

　　丹田左引右轉帶動身體螺旋下沉，右轉 90 度，面向場地的右方，重心移右。右腿隨身轉向右後絆，經左腿後腳尖轉向右，呈右弓步；左腳以腳尖為軸腳跟隨之後蹬。雙拳雙逆纏，右手走下弧，左手走上弧合於上腹中線前，同時左拳變掌；雙手不停，右拳變勾手順纏向左、向上、向右、向下啄於襠前；左肘附於右小臂橈骨一側近腕處。先吸後呼氣，眼看前下方（圖 28-1）。

圖 28-1

【動作二】

　　丹田左旋右轉帶動身體微左轉螺旋下沉後坐，再右轉
螺旋上升，方向不變，重心移左腳。右腳提起，呈左獨立
步。同時，右勾手變掌逆變順纏旋小圈，再抓呈勾手上提
至右額前，左掌仍隨附於右小臂。先呼後吸氣，眼看前方
（圖28-2）。

　　【要領】右腿後絆和右臂左合形成對稱。起身獨立應
以右手領起。右腿高抬至水平以上。

圖 28-2

朝陽擊鼓

【動作一】

丹田右轉帶動身體螺旋下沉，右轉135度，面向場地的右前方，重心偏右。隨轉身右腳向場地的右方落地踏實，左腳腳尖裏扣。右勾手順變逆纏呈掌，從上向下畫裏弧隨轉身以小臂尺骨向右腿上方靠出，掌背向左，指尖下對右膝；左掌隨貼附於右小臂裏側，掌心對右臂裏側，指尖向上。呼氣，眼看右掌前（圖29-1）。

圖 29-1

【動作二】

丹田繼續右轉帶動身體右轉45度，面向場地的右方向，重心在左。同時左腳向前跨一大步，呈左弓步。在左腿上步的同時，右掌順纏上挑變逆纏下拍左小臂橈骨一側；在右掌下拍時，左掌挑起。然後左掌同樣拍擊右小臂，繼之右掌再拍擊左小臂一次。呈弓步時，右掌逆變順纏抓握呈拳，再逆纏前掤，拳眼對右面頰；左掌順變逆纏握拳下落於右肘彎裏。先吸後呼氣，眼向前看（圖29-2）。

【要領】雙手在胸前輪翻拍擊，要連貫協調快速，如同鼓手擊鼓，亦如「八卦掌」裏的「風火車輪」。

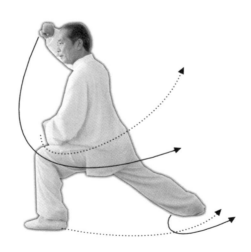

圖 29-2

護心拳

【動作一】

丹田左轉帶動身體向左轉 180 度，面向場地的左方，重心偏左。左腳後撤一步，隨轉身右腳向左腳前上一大步，腳尖裏扣。同時，雙拳逆纏向下、向外開至兩胯前，變順纏繼續向前上合，雙拳拳心向裏，左拳位在左額前；右拳附於左臂裏側。先呼後吸氣，眼看右肘前（圖 30-1）。

【動作二】

丹田繼續左轉帶動身體左轉 90 度，面向場地的後方，重心偏右。左腳隨重心的移動鑾地略跟進。同時，右肘隨轉身向前合擊；右拳逆纏拳眼對心窩，左拳逆纏上提，拳

圖 30-1

眼對左額前。呼氣，眼看右肘前（圖30-2）。

【要領】撤步、上步要靈活，左肘右拳護心後再發右肘。定勢時，左拳上撐。

專降快腿

【動作一】

丹田右轉帶動身體右轉180度，面向場地的正前方，重心移右。右腳後掛掃至左腳後；左腳收回至右腳旁虛點地。兩拳變掌雙逆纏向外、向下開，即變順纏裏合交叉於襠前，兩掌心向前，左掌在外。先吸後呼氣，眼看左側（圖31-1）。

圖30-2　　　　　　　　圖31-1

【動作二】

丹田略左旋帶動身法折疊略上升，方向不變，重心仍在左。左腳提膝向左橫蹬，腳尖向前，高與肋齊。兩掌雙順纏從中線上托至喉前，變逆纏向左右兩側平削，掌心向下，高與肩齊。呼氣，眼看左腳前（圖31-2）。

【要領】右掌向外、下的開與右腳後掃要協調，後掃、裏收要連貫。此動作的防與攻要體現出蓄而後發。

拗肘勢逼退英雄

【動作一】

丹田左轉帶動身體螺旋下沉，左轉90度，面向場地的

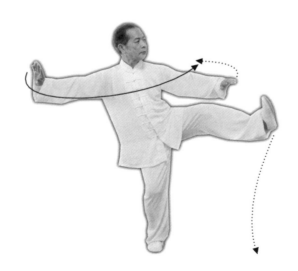

圖 31-2

左側方，重心偏左。左腳外轉落地；右腳腳跟離地呈左拗步。右掌變拳順纏向胸前中線裏合，拳面向上；左掌順纏裏合於右拳背。吸氣，眼看前方（圖32-1）。

【動作二】

丹田繼續左轉帶動身體左轉 90 度，面向場地的後方向，重心移右。右腳向前上一步，腳尖略裏扣；左腳隨鏟地，呈弓步。右拳逆纏裏合於右胸，右肘上挑前頂，右小臂端平；左掌抓握右拳。呼氣，眼看右肘前（圖32-2）。

【要領】右頂肘肘尖下對右膝，頂肘時要求立身中正，頂勁上領，腹部鬆沉。

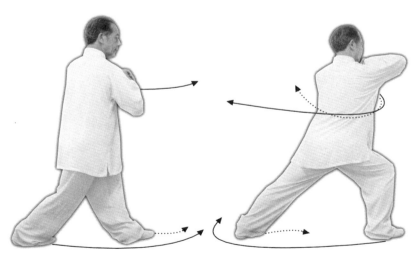

圖 32-1   圖 32-2

嚇一聲小擒拿休走

【動作一】

丹田右轉左旋帶動身體右轉 270 度，面向場地的右側方，重心在左。右腳向場地的右側方後撤一步，隨轉身左腳略後撤，右腳收回，左腳前虛點地。右拳變掌以指尖領勁沿中線下插至右側；左掌仍貼附右掌。隨左腳後退兩掌變雙順纏前抄上托，再變雙逆纏勾指呈虎爪，右掌位於額前，橫小臂虎口向下；左虎爪合於右腕下，手背向裏。先呼後吸再呼氣，眼從兩掌之間的空隙處前看（圖 33-1）。

圖 33-1

【動作二】

丹田略左旋右轉帶動身體微左引右轉，方向不變，重心偏左。右腳上步，左腳隨鑹地跟進呈弓步。同時，兩掌在原位逆纏略換勁，變順纏畫一小圈向前抓拿，右虎爪高度在胸前腹上；左掌在右掌裏下，兩手一拳之隔。先吸後呼氣，眼向前看（圖33-2）。

【要領】此勢與太極拳一路動作的小擒打相同，此為右式。轉身、下插、上托等動作要一氣呵成。

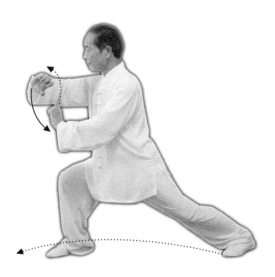

圖 33-2

拿鷹捉兔硬開弓

【動作一】

丹田略左引右轉帶動身體螺旋上升，方向不變，重心偏右。左腳前上一步，虛點在右腳前。右虎爪逆變順纏向左手腕下下沉，兩手手心向下，十字交叉在左膝上。先吸後呼氣，眼看兩掌前下（圖 34-1）。

【動作二】

丹田略左引右轉帶動身形折疊，方向不變，重心偏左。左腳向前上步；右腳隨鑱地；左手握拳略順纏向前擊出，拳眼向上，高與胸齊；右掌逆纏向前變順纏拍擊左拳拳面收回，高與胸齊。先吸後呼氣，眼看左拳前（圖 34-2）。

【要領】兩拳的前擊後拉要有開弓勁，拍擊有聲。此動作要體現出身腰步法的整體勁及丹田內轉的動力作用。

圖 34-1　　　　　　　　　　　　圖 34-2

下紮勢閃驚巧取

【動作一】

丹田略左引右轉帶動身形折疊，方向不變，重心偏右。右腳略後退半步；左腳即收回虛點在右腳前，呈虛步。右腳後退時，兩拳雙逆纏，右拳從左小臂下前伸下插，左小臂橫在上腹前，兩拳拳心向下。呈虛步時，兩拳雙順纏前後呈開勢，右拳輪對右耳，左拳心對鼻尖。先呼後吸氣，眼看左拳前（圖 35-1）。

【動作二】

丹田左轉帶動身體螺旋下沉左轉 45 度，面向場地的右前方，重心偏左。左腳向前上半步；右腳隨向左腳前呈虛步點地。右拳逆纏向前、向下插至右膝裏側；左拳逆纏裏上合至右肩處。呼氣，眼看右肘前（圖 35-2）。

圖 35-1　　　　　　　　圖 35-2

【要領】頂勁上領，立身中正，右肩與右胯上下相對垂直於地面，左腰部要鬆胯落臀。

倒燊勢誰人敢攻

【動作一】

丹田右轉帶動身體螺旋上升，右轉180度，面向場地的左後方，重心略偏左。右腳後撤掛掃落地踏實；隨轉身左腳尖裏扣。右拳逆變順纏配合後掃略畫一小圈，再逆纏向上、向右後隨轉身畫上弧，略順纏下砸至肩平，拳輪向下；左拳順變逆纏畫小弧，以拳面領勁至頭面左側，拳背對左耳，拳面遙對右拳眼。先吸後呼氣，眼看右拳（圖36-1）。

【動作二】

丹田繼續右轉帶動身體螺旋略上升，右轉90度，面向場地的左前方，重心在右。右腳獨立，左腳提膝上合。左

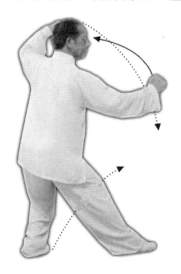

圖 36-1

拳逆纏向前、向下插至左膝裏側；右拳逆纏裏合於左肩，拳輪貼近左肩窩。呼氣，眼看左肘前（圖 36-2）。

【要領】兩個分解動作要一氣呵成，不能停頓。後掃利用右臂和右腿的開。轉身、下插須以丹田內轉為動力。獨立時要虛領頂勁，氣息下沉。

朝陽手

【動作一】

丹田左轉帶動身體螺旋下沉，左轉 90 度，面向場地的左側方，重心偏左。左腳下落上步；右腳隨鑔地跟進，呈弓步。兩拳變掌雙逆變雙順纏下開走外弧上合，左掌突腕裏，掌心向右上，指尖向左；右掌突腕裏，掌心向左上，指尖向右。先吸後呼氣，眼看前上（圖 37-1）。

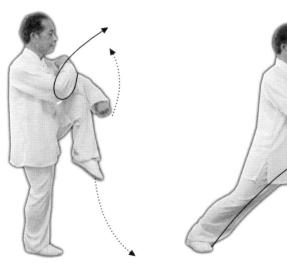

圖 36-2   圖 37-1

【動作二】

丹田右引左轉帶動身體螺旋下沉，再螺旋上升，方向
不變，重心在左。左腳向前墊半步，隨即右腳提起前踹，
右腳尖外旋，力聚腳跟。身右引時，兩掌逆變順纏畫外
弧，外開裏合，左掌在上，掌心向上，指尖向前，高與眼
齊；右掌在下，掌心向左上，指尖向前，位於左肘下。身左
轉蹬腿時，兩掌突腕裏原位前推，左指尖向左後上，右指尖
向右上。先吸後呼氣，眼從兩掌之間向前看（圖37-2）。

【要領】左、右手和右腿上下一條線，形成三路進
攻。三路之中相互掩護，虛實互變。

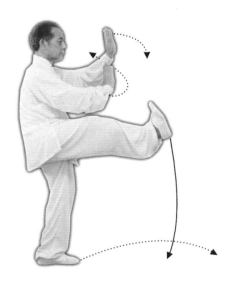

圖 37-2

便身防腿

【動作一】

丹田右引左轉帶動身體右引左轉 90 度，面向場地的背面，重心偏左。右腳前落，左腳接向前一步，左腳尖外轉，右腳跟離地呈拗步。同時，落右腳時雙掌逆纏下開；上左步時雙掌變雙順纏畫上弧合於頭面前，掌心向裏，左掌附於右腕裏下。先呼後吸氣，眼看右側方（圖 38-1）。

【動作二】

丹田右轉帶動身體螺旋上升，右轉 45 度，面向場地的左後方，重心在左。左腳提膝向場地的左方平蹬出，腳尖上翹。同時，兩掌變拳雙逆纏向左右兩側抖發，兩拳高與肩平，拳心向下。呼氣，眼看右拳前（圖 38-2）。

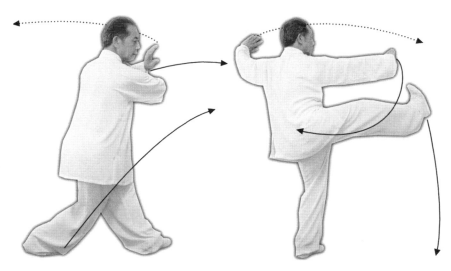

圖 38-1   圖 38-2

【要領】此勢第一動作要上下、左右、立外相裹，合住勁。第二動作要由丹田抖發，出拳、蹬腳協調一致。頂勁上領的同時，左腿要鬆胯屈膝，氣息下沉，才能做到內勁出入於丹田。

一條鞭打進不忙

【動作一】

丹田右轉帶動身體右轉 90 度，面向場地的左前方，重心偏左。右腳順纏外翻落地；同時左腳腳跟離地，呈拗步，隨轉身左腳即向場地的左側方上步，腳跟著地，腳尖微上翹。同時雙手變掌左順右逆纏，隨轉身右手畫平弧，向右略後變順纏呈劍指，收至右肋略靠中線處，手心向上；左手同時向中線畫弧，變逆纏呈勾手。先呼後吸氣，眼看左手前（圖 39-1、圖 39-2）。

圖 39-1　　　　　　　　　　　圖 39-2

【動作二】

　　丹田左轉帶動身體螺旋略上升，左轉 45 度，面向場地的左側方，重心偏左。左腿前弓，右腳隨鏟地，呈左弓步。右劍指逆纏向前探刺，掌心向下，高與喉同；左掌微上提，掌背貼附於右小臂橈骨一側。呼氣，眼看劍指前（圖 39-3）。

　　【要領】此動作要幾勢不停，一氣呵成，兩手臂畫弧走圈要柔中有剛，劍指螺旋前刺要由丹田抖發。

圖 39-3

懸腳勢誘彼輕進

【動作一】

丹田右轉帶動身體螺旋下沉，右轉 90 度，胸向場地的右前方，重心偏右。右腳向左腳前上步落實，腳尖外撇；左腳腳跟離地呈拗步。同時左勾手為順纏略上提；右劍指變掌順變逆纏走下弧，由身前經右腹攔向右胯外。吸氣，眼看右掌外，兼顧左右，耳聽身後（圖 40-1）。

圖 40-1

【動作二】

　丹田右轉帶動身體螺旋微下沉，再螺旋上升，胸向場地的正前方，重心在右。兩掌隨身下沉逆纏裏合下插至腹前，隨身上升雙順纏左右上托至肩高部位，雙手手心向上。同時，下沉時兩腳呈高歇步，上升時右腿立起，左腳向左彈踢，高與胯平。呼氣，眼看左腳前（圖 40-2）。

　【要領】 彈踢時，右腿要鬆胯屈膝；定勢時，兩肩要鬆，兩肘微屈。

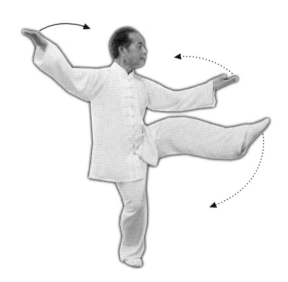

圖 40-2

騎馬勢沖來敢當

【動作一】

丹田左轉帶動身體螺旋下沉，左轉 180 度，面向場地的後方向，重心偏右。左腳以腳跟為力點收回後落於右腳旁；右腳隨即落於左腳右側踏實。同時，雙掌變拳逆纏於左腳回收時裏上合，隨即沿中線逆纏裏合交叉下沉至襠前，左手在外，右手在裏。先吸後呼氣，目光左顧右盼，耳聽身後（圖41-1、圖41-2）。

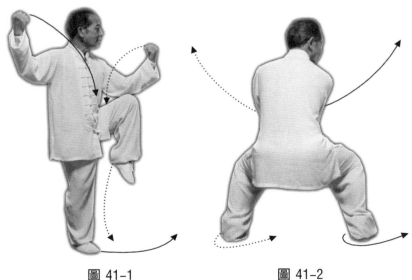

圖 41-1　　　　　　圖 41-2

【動作二】

　丹田左旋右轉帶動身體左螺旋下沉，再右螺旋略上
升，方向不變，重心偏右。左腳向左滑步，右腳隨即向左
腳靠近後，右腳向右一步，左腳隨鑱地跟進。同時，雙拳
逆纏裏合後變順纏向左右外掤，右拳下對右膝，高與肩
齊；左拳下對左膝，高與小腹齊。先吸後呼氣，眼看右拳
前（圖41-3）。

　【要領】左腳收回要快速有力，有左腳跟和左臀部相
合之意。左右滑步要以丹田內轉帶動，身形的開合帶動雙
臂的開合。

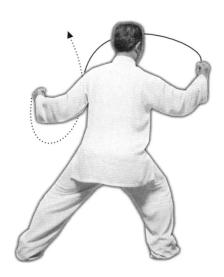

圖 41-3

一霎步往裏就踩

【動作一】

丹田左引右轉帶動身體左略螺旋下沉後，右轉 90 度，面向場地的左側方，重心偏右。左手隨身左引時順纏裏抄，經小腹，沿中線，過頭面向左上外攔；右手同時順纏從右外向左畫上弧變逆纏下壓至左肘下。隨身右轉雙手逆纏下按至左胯前，再變順纏經腹前上抄至右膝上，掌心向上，兩手腕沾連不脫，右手略長。同時，右腳尖外撇呈右弓步。先吸後呼氣，眼看右手前（圖 42–1、圖 42–2）。

【動作二】

丹田右轉帶動身體右轉 90 度，面向場地的正前方，重心略偏左。左腳向右腳前上一步，腳尖裏扣；同時，右腳略

圖 42–1

跟進，略突左胯，開胸。雙掌逆纏右上左下斜向開，左掌在左胯外；右掌在右額外，呼氣，眼看左手前（圖42-3）。

圖 42-2

圖 42-3

【動作三】

同動作一，唯左右反之（圖 42-4、圖 42-5）。

圖 42-4

圖 42-5

【動作四】

　　丹田左引右轉帶動身體騰起螺旋下落，面向場地的右前方，重心偏右。左腳蹬地，右腳前躍，左腳繼之前落撲地呈仆步。同時，雙掌順纏上抄變逆纏，經頭面下落至頸前，再隨身右轉左下右上以指領勁雙開，左掌突腕背在左胯前外，虎口向下；右掌在右額前外，虎口向下。先吸後呼氣，眼看左肩外（圖42-6）。

　　【要領】前抄躍步動作要連貫圓活。定勢時，頭與右腳上下在一垂直線上，左肩要前捲下壓。

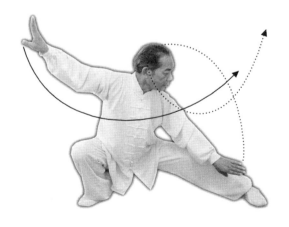

圖 42-6

下海降龍

【動作一】

丹田左轉微右旋帶動身體螺旋下沉，左轉 45 度，胸向場地的左前方，重心在左。左掌逆纏向左下插伸至左膝後，變順纏走上弧向左上、向右至中線，再逆纏扣腕至喉前，虎口向下，指尖向左下；同時右手逆變順纏反掌上托，畫弧向左上，經頭面至左腕上，掌心斜向裏上，指尖向左前上。先呼後吸氣，眼看右前方（圖 43-1）。

圖 43-1

【動作二】

　丹田右轉帶動身體螺旋下沉，右轉135度，面向場地的右側方，重心在右。右腳尖外撇，呈右弓步。右掌逆纏裏勾腕和左腕相貼，帶動左腕一起向下、向右至襠前，右腕在外。呼氣，眼隨兩掌至襠前（圖43-2）。

【動作三】

　丹田左轉帶動身體螺旋上升，左轉45度，面向場地的右前方，重心仍在右。左腳向右腳左前方上步，腳跟著地，腳尖微翹起。兩掌沿中線順纏由裏向外上翻至下頜前，右掌手心向上，指尖向前上；左掌在右掌外，突腕背，掌心、指尖向裏。吸氣，眼從兩掌上向前看（圖43-3）。

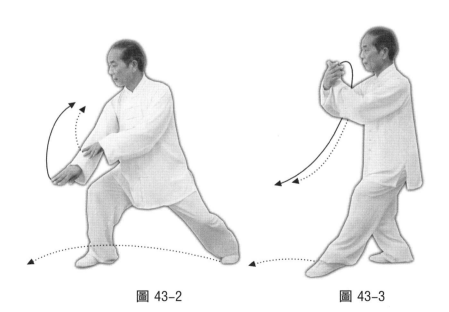

圖 43-2　　　　　　　　　　圖 43-3

【動作四】

丹田微右旋帶動身體螺旋略下沉，方向不變，重心移左腿，呈低勢弓步。右掌略向裏沿中線向下至左大腿部位呈劍指，向前指出至左膝前，掌心斜向下，突腕背，食指、中指略上翹向前；左掌隨右掌逆纏翻轉呈立掌，突腕裏，掌根裏側貼右拳背。呼氣，眼看右指尖前（圖43-4）。

【要領】 此勢要協調連貫，柔順圓活，如蛟龍入海，上下翻飛，氣勢騰挪。

上山伏虎

【動作一】

丹田略左引右轉帶動身體略左螺旋上升，再向右螺旋下沉90度，面向場地的右後方，重心偏右。右腳向右前進

圖 43-4

步，左腳隨鑣地，呈右弓步。兩掌勾指呈虎爪，右虎爪略逆纏下沉變順纏向右上畫弧，經頭面至右肩前，掌心向上，虎口向左，高與耳同。左虎爪略逆變順纏，隨右虎爪運至右小臂近肘處，掌心向右。吸氣，眼看右虎爪前（圖44-1）。

【動作二】

丹田略左引右轉帶動身形折疊略上升，方向不變，重心偏右。右腳進半步，左腳隨鑣地跟進呈右弓步。左右虎爪順變逆纏，向右上翻轉放勁，右掌背向左；左掌背向裏上。呼氣，眼看右爪前（圖44-2）。

【要領】右虎爪向右的畫弧須在轉腰旋胯的帶動下進行。做虎爪時，須五指勾攏，指肚與指根部相合，腕部要直。

圖 44-1   圖 44-2

野馬分鬃，張飛擂鼓

【動作一】

丹田右轉帶動身體略螺旋下沉，右轉 45 度，胸向場地的後方向，重心在左。左腳隨轉身向右腳旁上步落實；右腳即向場地的左側方橫開一步，腳跟落地，腳尖略翹起。同時，雙虎爪變掌左逆右順纏，雙腕沾連不脫旋圈後停於胸前。左掌高與肩齊，位於中線，掌心向下，指尖向右上；右掌位於左肋部，掌心向上，指尖向左下。兩掌相吸離身約 10 公分。吸氣，眼看右前（圖 45-1）。

【動作二】

丹田略左旋右轉帶動身形折疊，右轉 45 度，胸向場地的左後方，重心偏右。右腳向場地的左側進半步，左腳隨

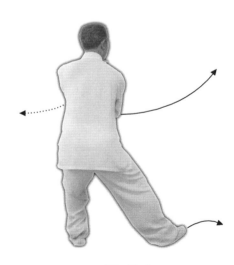

圖 45-1

鏟地跟進呈類似長拳的弓步。同時，雙掌左順右逆纏變左逆右順纏，先略合後向左右兩側掤開。右掌略高與肩，掌心向上；左掌略低於肩，掌心向左下。先略吸後呼氣，眼看右肩前，兼顧左右，耳聽身後（圖45-2）。

【動作三】

丹田右轉略左旋帶動身體螺旋上升，再螺旋微下沉，右轉45度，面向場地的左側方，重心在右。右腳提起於左腳旁震腳落地，左腳隨即提起呈獨立勢。同時左右兩掌輪流拍擊小臂，同「朝陽擊鼓」勢，唯步法不同。先吸後呼氣，眼看兩掌前（圖45-3）。

【要領】動作二與太極拳一路的野馬分鬃相似。獨立勢要立身中正，頂勁上領，鬆胯屈膝。不可左右晃動。

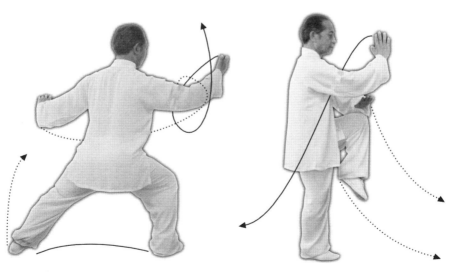

圖 45-2   圖 45-3

雁翅勢穿莊一腿

【動作一】

丹田右轉帶動身體螺旋下沉，右轉 90 度，面向場地的正前方，重心偏左。左腳腳尖裏扣落地，呈偏馬步姿勢。同時，雙掌逆纏，右掌在左掌外由上交叉相合，再下沉開至兩胯外。雙掌突腕背，虎口向下，掌指向後下。呼氣，眼看左外側下（圖 46-1）。

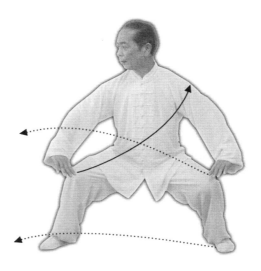

圖 46-1

【動作二】

　　丹田右轉帶動身體螺旋下沉，右轉 45 度，面向場地的右前方，重心偏右。左腳向右腳前蓋步，右腳跟稍提起。同時，雙掌逆纏上提，突腕裏，繼之右掌順纏向中線合至上腹上；掌心向左，指尖向右前；左掌順纏從右腕下穿出，掌心向上，指尖向右前。先吸後呼氣，眼看左掌前（圖 46-2）。

【動作三】

　　丹田微右轉帶動身體螺旋略上升，方向不變，重心在左腳。右腳提起腳尖裏勾向右橫蹬。同時，右手逆纏呈勾，隨右腳蹬出時向右勾出，右臂和右腿平行虎口向下，鉤尖向後；左手逆纏配合右手向左上開，位於頭面左上方。呼氣，眼看右腳前（圖 46-3）。

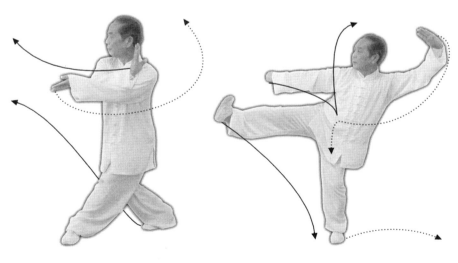

圖 46-2　　　　　　　　圖 46-3

【動作四】

　丹田微左轉帶動身體螺旋微下沉，方向不變，重心偏右。右腳下落震腳在左腳旁，同時雙掌順纏向身前相合；右手作砸拳落於左手心，兩手位於小腹前。隨即左腳橫開一步，雙手同時逆纏斜上下相開，右手呈掌位於頭面右上，手心向上，指尖朝左上；左手位於襠前，手心向下，指尖向右前。呼氣，眼看左肩前（圖46-4）。

【要領】四個分解動作要節奏分明，蹬、勾要一致，砸拳、震腳要同時，左右手上脫、下壓要和左腳橫同時。

劈來腳勢

【動作一】

　丹田略右引左轉帶動身體右轉135度，胸向場地的左後方，重心偏左。左腳畫外弧後掛掃落地踏實；右腳隨之

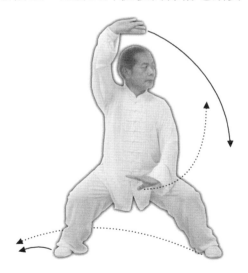

圖 46-4

略收回，虛點在左腳的右前方，呈虛步。同時，雙掌雙逆
纏上下略開，即變雙順纏合，右掌下劈至襠前；左掌以腕
裏附於右小臂裏上。右掌掌心向左，指尖向下；左掌指尖
向上。先吸後呼氣，眼看右膝外（圖47-1）。

【動作二】

丹田左旋右轉帶動身體左螺旋略上升，再右轉螺旋略
下沉，右轉90度，面向場地的左前方，重心仍在左。左腳
向左後方略退半步踏實；右腳略收，虛點地呈虛步。同
時，右掌順纏向上、向左略旋圈，變逆纏下劈至襠前。掌
背斜向右前上，指尖向左前下。先吸後呼氣，眼看右掌前
（圖47-2）。

【要領】此勢又稱陰陽劈腳，順纏下劈為陰，逆纏下
劈為陽。要求立身中正，頂勁上領，不可有前俯的現象。

圖 47-1　　　　　　　　圖 47-2

入步連心

【動作一】

　　丹田右轉帶動身體右轉 45 度，面向場地的左側方，重心偏左。左腳不動，右腳向場地的左側方前伸。右掌隨右腳上步向前逆纏攔出，突腕背，掌心向右，指尖向前上；左掌變拳順纏收至左肋下，吸氣，眼看右掌前（圖 48-1）。

【動作二】

　　丹田略右旋帶動身體螺旋略上升，方向不變，重心偏右。右膝略順纏前弓腳踏實；左腳隨鑽地跟進呈右弓步。右掌同時變拳順纏回抽，再變逆纏右小臂向前略掤出，位於上腹前，突腕背拳眼向上；左拳逆纏經右小臂向前擊出，拳眼向上，拳面向前。呼氣，眼看左拳前（圖 48-2）。

圖 48-1　　　　　　　　　　圖 48-2

【要領】右拳收回是洞裏拔蛇，左拳前擊和左腳鏟地同時。

雀地龍按下

【動作一】

丹田左轉帶動身體螺旋略下沉，左轉 90 度，面向場地的後方，重心略移左。左腳踏實；右腳以腳跟為軸，腳尖裏扣約 90 度。同時雙拳雙逆纏隨轉身沿中線上掤，略突腕背，高與鼻齊。吸氣，眼看身前（圖 49-1）。

【動作二】

丹田略左旋帶動身體螺旋略下沉，方向不變，重心偏右。右腳踏實不動，左腳收至右腳旁落地震腳。同時，雙拳雙順纏隨沿中線下沉至小腹前。呼氣，眼看左前（圖49-2）。

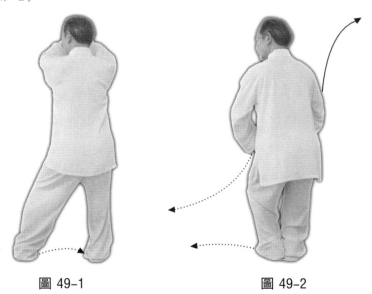

圖 49-1　　　　　　　　圖 49-2

【動作三】

　　丹田左轉帶動身體螺旋下沉，左轉45度，胸向場地的右後方，重心偏右。右腳不動，左腳向場地的右方蹬出落地呈跌叉。同時，雙拳雙逆纏分向右上、左下掤開，右拳位於右額外上，手心向右上；左拳位於左腹外，手心向左下。呼氣，眼看左腳前（圖49-3）。

　　【要領】此勢要求節奏分明，雙拳的上下翻轉要與轉身、震腳、跌叉相結合。初練時可降低難度，僅做下勢即可，即左腳呈仆步。

朝天磴立起

【動作一】

　　丹田右旋左轉帶動身體螺旋上升，左轉45度，面向場地的右側方，重心在左。右腳蹬地，左腿弓起踏實，腳尖

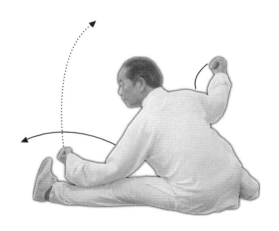

圖 49-3

向場地的右側方；右腳隨其身時，腳掌在左腳旁擦地向左
腳前勾起。同時，雙拳雙順纏向身前上沖，左拳在左額前
拳心向裏；右拳背附於左小臂裏側。先吸後呼氣，眼看身
前（圖50-1）。

【動作二】

丹田左旋帶動身體螺旋下沉，左轉約30度，面向場地
的右方略偏前，重心仍在左。左腳踏實；右膝上提，逆纏
裏扣，右小腿以腳跟領勁向右、向後水平畫外弧至身後。
同時，左拳隨轉身逆纏至左額左上方，拳背向裏，突腕
裏；右拳勾腕裏合，拳眼貼左肋，右肘前合。呼氣，眼看
右肘前（圖50-2）。

【要領】此勢要與上一動作連起來，獨立時身略前

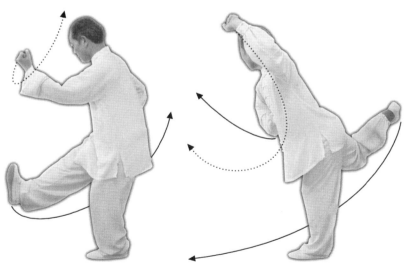

圖50-1   圖50-2

傾，但是頂勁仍要領起才能達到中正不偏的平衡要求。

雞子解胸

【動作一】

丹田微左旋帶動身形折疊開合，螺旋略下沉，方向不變，重心偏左。左腳不動踏實；右腳向前一步落地。雙拳變掌逆纏向下、向身後兩側外開下採，突腕裏，掌心向下，掌指向前。繼變雙順纏向身前合抱。先吸後呼氣，眼看身前（圖51-1）。

【動作二】

丹田微右旋帶動身形含胸落臀螺旋微下沉，方向不變，重心偏右。右腳不動踏實，左腳向前邁出。同時，雙

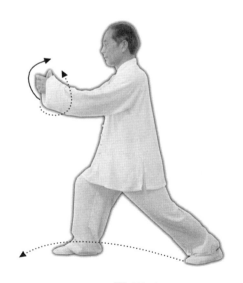

圖 51-1

掌雙順變雙逆再變雙順纏畫外弧至身前兩側，裏勾腕。吸氣，眼看身前（圖51-2）。

【動作三】

　丹田左旋帶動身形折疊開合，螺旋略上升，方向不變，重心偏左。左腳略前趄，右腳隨鑹地，呈高架左弓步。同時，雙掌繼續順纏裏合變勾手，雙逆纏向身後兩側反勾，勾指向上，突胸翻臀。呼氣，眼看身前（圖51-3）。

　【要領】此勢兩次身形折疊，第一次較柔和，第二次要體現出太極拳的鬆活彈抖的風格，類似俗話所說的長拳裏的發力。

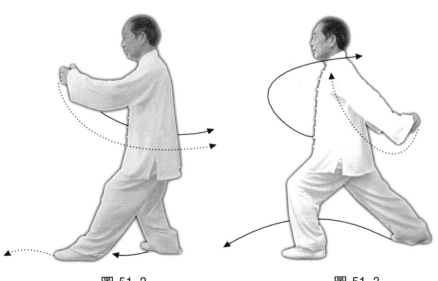

圖 51-2　　　　　　　　　　　　圖 51-3

白鵝掠翅

【動作一】

丹田右旋左轉帶動身體右轉 45 度，再左轉 180 度，胸向場地的左前方，重心偏左。身左轉時，左腳以腳跟為軸腳尖外撇 90 度；右腳隨之提起經左腳旁向場地的右側方貼地蹬出，腳尖勾起，腳內側著地。雙勾手變掌，雙逆變雙順纏隨轉身合於身前中線，右掌掌心向左上，指尖向前，高與肩同；左掌附於右臂肘彎處，掌心向右外，指尖向上。吸氣，眼看右臂外（圖 52-1）。

圖 52-1

【動作二】

丹田右轉帶動身體右轉 90 度螺旋略上升，胸向場地的右前方，重心在右。右腳腳尖落地踏實；左腳畫裏弧收至右腳旁，腳尖點地。雙掌順變逆纏，右掌隨身轉向右畫弧至場地的右前方，屈腕裏勾，五指併攏，拇指裏勾，類似長拳的柳葉掌；左掌立掌附於右大臂近腕處，掌指向上，掌心向右。呼氣，眼看身前，兼顧左右（圖 52-2）。

【要領】右掌向左畫弧時，意念在掌沿；向左畫弧時，落點處要抖腕。定勢時，突右臀；右肩、右臀、右腳在上下一條垂直線上。

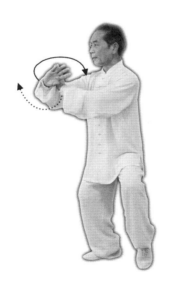

圖 52-2

黑虎攔路

【動作一】

丹田右轉帶動身體右轉 90 度，面向場地的右側方，重心在右。右腳不動，左腳以腳尖為軸腳跟外轉。同時，兩掌變拳，雙順纏左拳從右小臂下近腕處穿出，兩拳突腕背，拳心向裏呈十字手型，位於胸前合住勁。吸氣，眼看兩拳前（圖 53-1）。

【動作二】

丹田左轉帶動身體左轉 180 度，面向場地的左側方，重心仍在右。鬆左胯落臀，分別以左腳尖、右腳跟為軸，左腳跟裏轉、右腳尖貼地裏扣。同時，雙拳十字沾連逆纏翻轉拳心向外，突腕裏。呼氣，眼看兩拳前（圖 53-2）。

圖 53-1   圖 53-2

【動作三】

丹田右旋左轉帶動身體略螺旋下沉再略上升，方向不變，重心偏左。左腳向前半步，右腳隨鏟地跟進，呈高架左弓步。同時，雙拳雙順纏略下沉，再向前翻出掤攔，拳背向外，略突腕背。先吸後呼氣，眼看兩拳前（圖53-3）。

【動作四】

丹田略左旋右轉帶動身體略螺旋下沉，再略上升，方向不變，重心仍偏左。左腳向前邁出半步，右腳隨鏟地跟進，呈左弓步。雙拳雙順纏隨上步向前上略掤攔，再雙逆纏翻轉，右拳前伸，拳眼向下，拳心向外；左拳附於右小臂裏側近腕處，拳眼對右小臂。先吸後呼氣，眼看右拳前（圖53-4）。

圖53-3　　　　　　　　　　圖53-4

【要領】雙拳十字翻轉要不離中線，身法折疊過程中要保持立身中正。以身進退中腳步要輕靈中顯沉穩。

胡僧托缽

【動作一】

丹田左下旋帶動身體螺旋下沉，左轉45度，胸向場地的左後方，重心在左。左腳踏實不動，右腳稍右移呈右仆步。右手逆變順纏，左手略順變逆纏，雙手上下旋轉相合於左腹前。左手在右手上，手心向右，指尖向右上；右手手心向左，指尖向左下，雙腕沾連相貼。吸氣，眼看右肩右側方（圖54-1）。

圖 54-1

【動作二】

丹田右轉帶動身體螺旋略上升，右轉 180 度，面向場地的右前方，重心偏右。右腳向場地的右側方稍上步，左腳隨鑽地跟進，呈右弓步。兩掌沿中線向右肩前雙順纏托起，掌心斜向上，雙腕裏仍向沾連。呼氣，眼看雙腕前（圖 54-2）。

【要領】動作一要在立身中正的前提下，上下合住勁；動作二，上托要以右掌為主。

圖 54-2

燕子銜泥

【動作一】

丹田略右旋左轉帶動身體左轉 90 度，面向場地的左前方，重心偏左。兩腳不動，隨身轉重心移左。左掌略逆纏變順纏隨身轉向左外攔，掌心向上，高與肩齊；右掌略順變逆纏隨貼附於左小臂近腕處。先吸後呼氣，眼看左掌前（圖 55-1）。

圖 55-1

【動作二】

丹田右旋左轉帶動身體右螺旋上升轉動 45 度，再左螺旋下沉轉動 90 度，面向場地的左側方，重心移動左、右、左。身左轉時，左腳略向場地的左側方上步，右腳隨鏟地跟進，呈左弓步。同時，左掌隨身轉向右上畫弧，再逆纏變勾手經右肩外向下、向左至左膝前，向上勾吊，位於左肩前上；右掌順變逆纏沿左大臂裏側至左肩前，呈立掌，掌心向左，指尖向上。先吸後呼氣，眼隨身轉，再看正前方（圖 55-2）。

【要領】左臂手畫立圓，一氣呵成；右掌有推按之勁，右小臂前掤，右肘前合。

圖 55-2

二龍戲珠

【動作一】

丹田略左引右轉帶動身形折疊，方向不變，重心偏左。左腳踏實不動，右腳前上一步，腳尖點地呈虛步。右掌逆纏略向下經胸前呈劍指向右、向上至右肩前上，再變順纏，食、中二指回勾，掌心向左，掌緣向下。同時，左勾手略逆纏向裏屈肘勾腕。先吸後呼氣，眼看右勾指（圖56-1）。

【動作二】

丹田略右引左轉帶動身形折疊，方向不變，重心偏右。右腳踏實不動，左腳前上一步，腳尖點地呈虛步。左勾手變掌逆纏略向下，經胸前向左、向上至左肩前上呈劍指，掌背向右，虎口向下，再變順纏，食、中二指回勾，

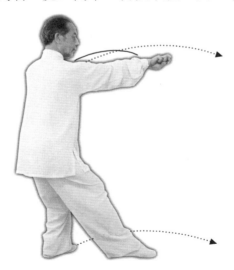

圖 56-1

掌心向右，掌緣向下。同時，右勾指略逆纏向裏，屈肘勾腕。先吸後呼氣，眼看左勾指（圖56-2）。

【動作三】

　　丹田左轉帶動身體螺旋略下沉，左轉45度，面向場地的左後方，重心偏左。右腳不動，左腳踏實，呈左弓步。同時，左勾指變勾手經左身側向左後撩勾，鉤尖向上；右勾指逆纏變掌裏合，指尖向上，虎口貼左肩窩。先吸後呼氣，頭向左後扭，眼隨左勾手，兼顧左右（圖56-3）。

　　【要領】左右劍指輪流前戳、回勾，機不能停。定勢時，頂勁不丟。左側肩、膝、小腿上下呈一垂直線。右掌左推，右肘前掤勁不可丟。左勾手儘量上提，有左肩前捲下壓左膝之感。

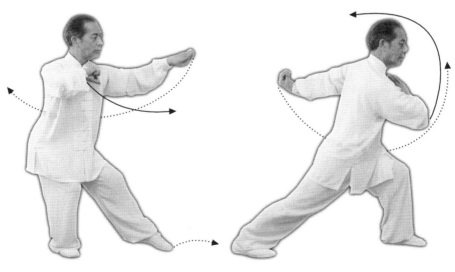

圖56-2　　　　　　　　　　　圖56-3

賽過神槍

【動作一】

丹田左旋右轉帶動身體右轉 90 度，面向場地的左側方，重心在左。兩腳不動。雙手變掌隨丹田旋轉先左逆右順纏原位略上提，即變左順右逆纏在身體左側畫立圓，由後下而前上。左手位於鼻尖前，掌心向左上，小指一側向上；右手位於右額前，掌心向右上，小指一側向上。先吸後呼氣，眼看左手前（圖 57-1）。

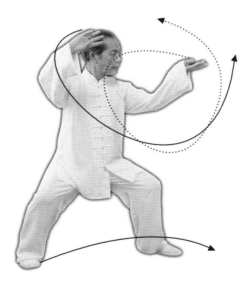

圖 57-1

【動作二】

丹田左旋帶動身體左轉45度，面向場地的左後方，重心在右。左腳不動，右腳向前上步踏實呈右弓步。同時，雙掌繼續在丹田的帶動下右逆左順纏變左逆右順纏，在身右由上向後、向下、向前、向上畫一立圓，手的運動方位與動作一相同，唯左右相反。先吸後呼氣，眼看右手前（圖57-2）。

【動作三】

丹田右轉帶動身體右轉90度，面向場地的左前方，重心在左。右腳不動，左腳向前上步踏實呈右弓步。……以下同動作二，唯左右反之（圖57-3）。

圖 57-2　　　　　　　圖 57-3

【動作四】

丹田左引右轉帶動身體螺旋下沉,再螺旋上升,方向
不變,重心在左。右腳提起在左腳旁震腳,左腳立即提起
呈右獨立步。右掌與震腳同時順纏以掌心抄托左掌背。呈
獨立步時,兩掌逆纏裏翻,左掌呈劍指從額前向前刺出,
掌背向右,虎口向下,位在左額前;右掌呈劍指逆纏向
裏,突腕背位於下頜旁。呼氣,眼看左劍指(圖57–4)。

【要領】此勢雙掌在左右身旁畫立圓,源動於丹田方
可避免身形的左右歪斜。獨立勢時左膝與右胯有上下對拉
之意。

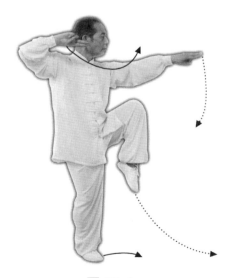

圖 57–4

丘劉勢

【動作一】

丹田右旋左轉帶動身體左螺旋下沉，轉動 45 度，面向
場地的左側方，重心偏左。左腳向前落一大步，右腳隨鑱
地跟進，呈左弓步。兩掌雙順纏在頭面前向前後兩側開，
掌心向裏，指尖相對。在動步時，右掌順變逆纏，豎小臂
向前突腕裏，發右豎肘，右掌高與鼻同；左掌逆纏拍擊右
小臂近肘處。先吸後呼氣，眼看右肘前（圖 58-1）。

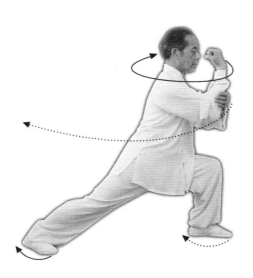

圖 58-1

【動作二】

丹田右轉帶動身體右轉 180 度，面向場地的右側方，重心偏右。隨轉身右腳尖外撇；左腳尖裏扣呈右弓步。兩掌雙順纏開即變雙逆纏，豎右小臂向身後發右肘；同時，左掌立掌逆纏前推，位在鼻尖前。先吸後呼氣，眼看左掌前（圖 58-2）。

【要領】第一次發肘時是合勁，第二次發肘時是開勁。眼看左掌，意在後肘。

左搬右掌

【動作一】

丹田左轉帶動身體左轉 90 度，面向場地的正方向，重心偏右。右腳不動，左腳略後撤，腳尖外撇對場地的左側

圖 58-2

方。左掌順纏下落變逆纏橑擊左大腿裏側後，上撩至左胯旁，掌心向左，指尖向左下；右掌同時在原位逆纏略開。吸氣，眼看左掌前（圖59-1）。

【動作二】

丹田繼續左轉帶動身體左轉90度。面向場地的左側方，重心偏左。左腳踏實，右腳隨鑱地略往左跟進，呈左弓步。右掌順纏走下弧經小腹向左膝前推擊，左掌順纏收回於左肋下，兩掌交錯時右掌腕裏拍響左掌心。呼氣，眼看右掌前（圖59-2）。

【要領】兩次拍擊都不能故意用力，要在鬆沉中進行，擦擊要響亮。

圖 59-1   圖 59-2

鬼蹴腳撲前掃後

【動作一】

丹田左轉帶動身體螺旋下沉，左轉 90 度，面向場地的左後方，重心在左。兩腳不動，兩掌在左腹前左逆右順纏，右手下採，左手略上掤。吸氣，眼看右肩外（圖 60-1）。

【動作二】

丹田右轉帶動身體右轉 405 度，面對場地的左側方，重心在右。右腳後掃 360 度，在原處落地；左腳配合後掃先腳尖裏扣，後以腳尖為軸腳跟旋轉落地。重心隨之後坐，左腳尖稍翹起。兩掌左順右逆纏從左下向上隨身轉上托前攔，繼變雙逆纏下按於身前，突腕裏，指尖向前。呼氣，眼看身前（圖 60-2）。

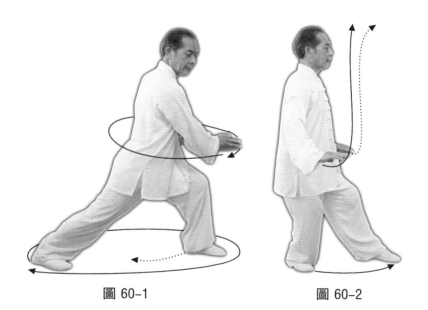

圖 60-1   圖 60-2

【要領】後掃的動力來源於丹田的旋轉。兩手的下採、上攔、下按和後掃的配合要協調。定勢時，襠部要圓虛。

霸王舉鼎

【動作一】

丹田略右旋左轉帶動身形折疊，方向不變，重心微偏右。左腳尖落地，右腳隨之上步落於左腳旁，與肩同寬。兩掌逆纏略下沉，變雙順纏交叉上托至額前，接變雙逆纏旋圈上托抖發。先呼後吸再呼氣，眼看前上（圖61-1）。

【動作二】

丹田略右旋帶動身形折疊，方向不變，重心微偏左。兩腳不動，兩掌原位變雙順纏前抖。呼氣，眼看前上（圖61-2）。

圖 61-1

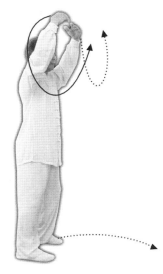

圖 61-2

【要領】第一次抖發，勁起於左腳，重心移右；第二次抖發，勁起於右腳，重心移左。但移動很小，從外形上幾乎顯示不出。

韓信埋伏

【動作一】

丹田左旋右轉帶動身體右轉 90 度，面向場地的正方向，重心在左。右腳不動，左腳向場地的左側方前上一步，隨即鬆左胯，呈橫襠步。同時，兩掌變拳雙逆纏略外開，即變雙順纏裏合於胸前，左拳貼附於右腕裏側。先吸後呼氣，眼視身右前（圖 62-1）。

圖 62-1

【動作二】

丹田右轉左旋帶動身形折疊，胸向場地的正方向，重心在左。左腳向場地的右側方上步踏實，右腳隨即在身後提起，腳底向上，呈類似長拳的望月勢平衡。同時，兩拳雙順變雙逆纏左下右上外開，左拳在左胯前外，右拳在右額外。先吸後呼氣，眼看左前（圖62-2）。

【要領】此勢須頂勁領起，不可向右傾斜。意氣下沉，上下直而不挺。

圖 62-2

右山勢

【動作一】

丹田略右轉帶動身體螺旋下沉，右轉45度，胸向場地的右側方，重心在左。左腳不動，右腳從後收回左腳旁，再向場地的左側方一腳內側貼地鏟出，腳尖回勾。同時，右拳逆變順纏向右、向下、向上、向左畫一立圓，拳輪對鼻尖；左逆變順纏從身前中線上穿，以拳背貼附於右肘裏。吸氣，眼看右肩外（圖63-1）。

【動作二】

丹田右轉帶動身體螺旋上升，右轉45度，胸向場地的右側方，重心略偏右。右腳以腳跟為軸腳尖外撇對場地的

圖63-1

圖63-2

右側方落地踏實；左腳畫裏弧停於右腳旁落地，兩腳同肩寬。同時兩拳雙順變雙逆纏外開，右拳停於右額處，拳心向右外；左拳向下，拳面貼附於左腰眼，拳眼向上。呼氣，眼向前平視（圖 63-2）。

【要領】動作一為上合下開，動作二位上開下合；動作二右肘外掤和氣息下沉要一致。

左山勢

【動作一】、【動作二】

同右山勢，唯左右反之。面向場地的右側方（圖 64-1、圖 64-2）。

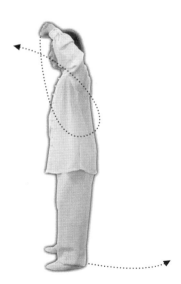

圖 64-1　　　　圖 64-2

前沖後沖

【動作一】

丹田左轉帶動身體螺旋下沉,左轉45度,胸向場地的右前方,重心偏右。右腳不動,左腳向場地的左前方以腳內側貼地蹬出,腳尖回勾。左拳逆變順纏向左、向下、向右、向上畫一立圓,拳心對鼻尖。同時,右拳逆變順纏翻轉向上交叉附於左小臂外。吸氣,眼看左肩外。(圖65-1)

圖 65-1

【動作二】

丹田左轉帶動身體螺旋上升再螺旋下降，左轉 45 度，面向場地的正前方，重心偏左。雙腳騰起再震腳落地，呈左偏馬步。雙拳雙逆纏裏合沿中線下沉，再向左右外開沖拳。兩拳與肩同高，拳心向後。呼氣，眼左顧右盼（圖65-2）。

【要領】雙拳在身前畫圓有護上擊下之意。騰起下落時，意氣下沉有如灰袋落地。

圖 65-2

觀音獻掌

【動作一】

丹田左轉帶動身體向左螺旋下沉 180 度，面向場地的後方，重心偏右。左腳以腳跟為力點向後掃轉，右腳隨之腳尖裏扣踏實。同時，雙拳變掌雙順纏向下畫弧裏合抱於小腹前，掌心斜向上，掌指斜向下。先吸後呼氣，眼看身前，兼顧左右（圖 66-1）。

【動作二】

丹田右轉左旋再右轉帶動身形螺旋上升、折疊開合，方向不變，重心偏左。左腳不動，右腳提起在左腳旁落地震腳。同時，兩掌左順右逆纏向左右兩側略開，再變左逆右順纏畫外弧以手指領勁向裏合，右手經右肋下至中線左

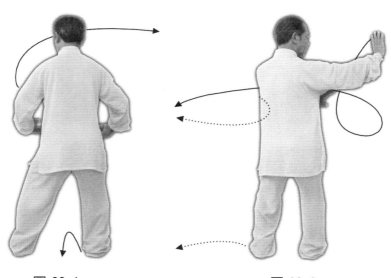

圖 66-1   圖 66-2

小臂上穿；隨震腳落地，右手變逆纏旋轉外推至右肩外，右手略高於肩；左手繼續逆纏在右小臂外下壓，虎口對右肋，掌心向下，指尖向右。先吸後呼氣，眼看右掌外（圖66-2）。

【要領】掃腿轉身要立身中正，震腳與右掌的按發、左掌的下壓要同步。

童子拜佛

【動作一】

丹田左轉帶動身體螺旋下沉，左轉 90 度，面向場地的右側方，重心偏左。左腳向左外開一步，腳尖外撇；右腳尖隨即裏扣，呈左弓步。雙手雙逆纏從中線裏合下沉、外開，再變順纏向中線裏合，右手拍擊左手，高與肩同。先吸後呼氣，眼看兩掌前（圖67-1）。

圖 67-1

【動作二】

丹田右轉左旋帶動身體螺旋下沉，再上升，方向不變，重心偏左。左腳前移半步踏實，右腳隨鑽地跟進，呈左弓步。同時，雙掌順纏翻轉，掌背相貼，向裏旋腕，經心窩兩側分開變逆纏向身後穿，合於後心，兩虎口相對，指尖向上。先吸後呼氣，眼看身前（圖67-2）。

【要領】兩掌拍擊要響亮，兩腕旋轉裏合要柔順。定勢時，要翻臀開胸。

圖 67-2

翻身過海

【動作一】

丹田右引左轉帶動身形折疊旋轉，方向不變，重心偏左。左腳不動，右腳上前一步。同時，左手貼背不動，右手逆變順纏，在身右側向前、向上、向後、向下、向前畫立圓弧線，右掌前撩至右膝前上。先吸後呼氣，眼看右手前（圖68-1）。

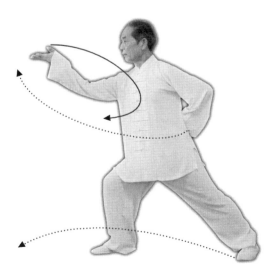

圖 68-1

【動作二】

丹田略左引右轉帶動身形折疊旋轉，方向不變，重心
偏右。右腳不動，左腳上前一步。同時，左手逆變順纏，
在身左側向前、向上、向後、向下、向前畫立圓弧線，左
手前撩至左膝前上；右手順變逆纏向左上、向後、向左
下、向右腹畫小立圓，隨停於右肋處，虎口貼右肋，指尖
向後下。先吸後呼氣，眼看左掌前（圖68-2）。

【動作三】

丹田左轉帶動身體螺旋下沉，左轉45度，面向場地的
右前方，重心偏左。左腳不動踏實，右腳向左腳左後移
步，腳掌著地。兩掌左逆右順纏向左下挒採，左手位於左
胯外，坐腕，手心向下，指尖向右上；右手停於腹部，坐
腕，手心向左外，指尖向右上。先吸後呼氣，眼看左下兼

圖 68-2

顧右上（圖 68-3）。

【動作四】

丹田右轉帶動身體螺旋上升，右轉 225 度，面向場地的左側方，重心在左。鬆右胯，以左腳跟為軸，腳尖隨轉身內轉；左腳以腳尖為軸，腳跟裏旋。隨重心上升，左腳乘轉勢勾腳上踢，高與右胯。同時，兩掌握拳，左順右逆纏畫弧經左肩上，拳心相對向右腿兩旁下砸至襠前。先吸後呼氣，眼看身前（圖 68-4）。

【要領】左右手臂的輪轉應以丹田的運轉為動力。兩掌下採應與右腳的背步相協調。右腳上踢與意氣下沉相應。

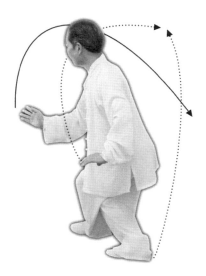

圖 68-3

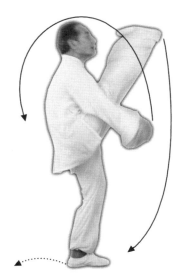

圖 68-4

回回指路

【動作一】

　　丹田右引左轉帶動身體螺旋略下沉，左轉 180 度，面向場地的右側方，重心偏右。右腳向前落地，隨轉身腳尖裏扣向場地的右側方踏實；左腳腳跟隨提起，腳尖點地。同時，兩拳左逆右順纏，隨轉身畫上弧，走立圓，下砸於腹前，兩拳相合，拳心相對。先吸後呼氣，眼看兩拳前（圖 69-1）。

【動作二】

　　丹田右旋左轉帶動身形折疊，方向不變，重心偏右。兩拳變掌，左掌心附於右掌背，裏勾腕由前向上、向裏、向下再向上在胸腹前畫立圓，兩掌沾連不脫，變成右掌心

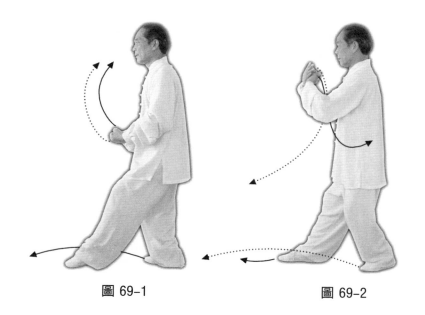

圖 69-1　　　　　　　　　　圖 69-2

附於左掌心。同時，左腳不動，右腳向前進一步。如此，
兩掌沾連不脫再畫一立圓，左腳前進一步。掌上旋吸氣，
下旋呼氣，眼看雙掌前（圖69-2）。

【動作三】

丹田微左旋帶動身形折疊，方向不變，重心偏左。左
腳踏實，右腳隨鏟地跟進，呈左弓步。同時，右掌呈劍指
從左掌下逆變順纏向前下刺出，高與臍齊；左掌逆纏勾
指，左肘向後發肘，左掌虎口貼左腰眼。呼氣，眼看前下
（圖69-3）。

【要領】兩掌上下畫圓須在身形折疊的帶動下，肘身
合一。左劍指前刺與右腳鏟地相一致。右劍指與左肘呈對
稱勁。

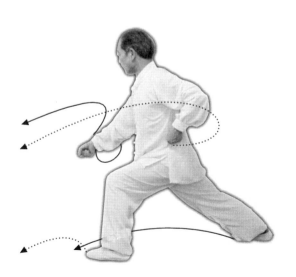

圖 69-3

敬德跳澗

【動作一】

丹田左旋右轉帶動身形折疊開合，方向不變，重心在右。右腳前進一步，左腳前躍，右腳隨之落地震腳，左腳即提起，腳尖翹起，呈右獨立步。同時，兩掌逆變順纏在身兩側外開裏合，隨震腳下插於身前，然後雙掌背相對，指尖向上至喉前變雙逆纏略勾指，突腕背上提至額前向後上發彈抖勁。呼氣下沉，提起為吸氣，抖發為呼，頭略轉向右後，眼看右後下（圖70-1、圖70-2）。

【動作二】

丹田左引右轉帶動身體螺旋下沉，右轉45度，面向場

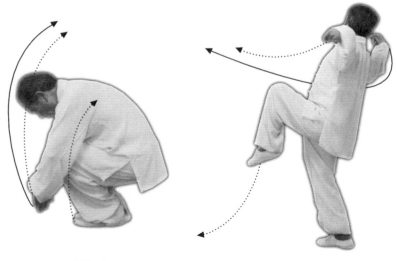

圖 70-1　　　　　　　　　　圖 70-2

地的右後方，重心在左。左腳前落；右腳隨即虛點在左腳旁。同時，兩掌變拳逆纏下合變雙順纏交叉向上，右拳突腕背位於左胸前，左拳裏勾附於右小臂上。呼氣，眼看右肩外（圖70-3）。

【動作三】

丹田左引右轉帶動身體螺旋略上升，右轉45度，面向場地的正後方，重心偏右。右腳向場地的左側方趨出；左腳鑽地跟進，呈左橫襠步。同時，兩拳逆變順纏，右拳向右發彈抖勁，拳心向裏上，拳眼向右，與肩同高；左拳拳輪貼左小腹。先吸後呼氣，眼看右拳（圖70-4）。

【要領】上步要連續不斷，提腿要高於水平，手組配合要協調，右拳右外的發勁，勁在拳眼，橈骨一側。

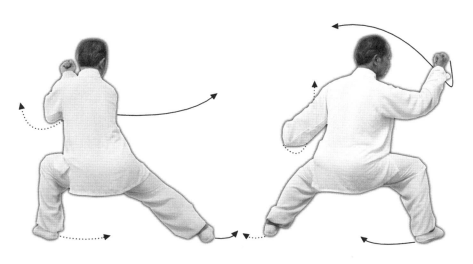

圖 70-3   圖 70-4

單鞭救主

【動作一】

丹田右引左轉帶動身體折疊開合，方向不變，重心偏左。左腳向左橫開，右腳隨鑔地跟進，呈右橫襠步。同時，右拳逆纏換勁後，變順纏走略下畫弧向左經面前合於左肩前，拳心向裏上；左拳順變逆纏合於右肘下。先吸後呼氣，眼看右前上（圖71-1）。

【要領】右臂的運轉均是在丹田的運動下引起的，切不可與丹田的運動脫節而意氣上浮。左肘下對左腿，有前掤之意。

圖 71-1

青龍舞爪

【動作一】

　　丹田左引右轉帶動身體螺旋略下沉，右轉 90 度，面向
場地的左側方，重心偏右。左腳不動，右腳向場地的左側
方進半步，呈右弓步。同時，右拳變掌經左肘外向右前下
呈勾至襠前，鉤尖向前上；左拳變掌逆纏以掌被黏貼右肘
裏後。呼氣，眼看右掌前下（圖 72-1）。

圖 72-1

【動作二】

　　丹田左引右轉帶動身體折疊開合，螺旋上升右轉45度，面向場地的左前方，重心偏右。右腳略前上步，左腳隨鑽地跟進，呈右弓步。同時，雙掌雙順纏，左掌從右肘下上翻，右掌也隨同一起翻上，位在左掌裏。繼之，雙掌變雙逆纏，左掌在右掌上向前穿出，虎口向下，指尖向左，位在頭面左前；右掌從左小臂下，突腕背裏收，腕背對左肘裏側，右小臂橫在喉前。先吸後呼氣，眼看左掌前（圖72-2、圖72-3）。

　　【要領】動作一右掌在下護襠，左腕背含有掤勁；動作二右掌收回護喉和左掌有對拉之意。

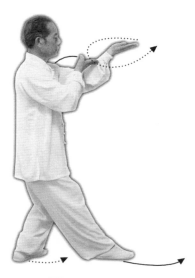

圖 72-2

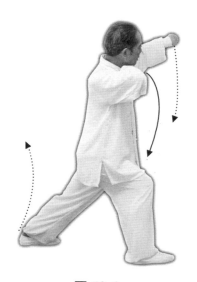

圖 72-3

惡馬提鈴

【動作一】

丹田左轉帶動身體螺旋上升，左轉 180 度，面向場地的右側方，重心在右。右腳尖裏扣；左腿隨身轉提起，高與腹同。兩掌逆變順纏略外開前撲，即變逆纏下按於兩膝旁，虎口向裏。吸氣，眼看前下（圖 73-1）。

【動作二】

丹田右旋左轉帶動身體右略下沉，再左螺旋略上升，方向不變，重心偏左。左腳向前落步踏實，右腳隨鏟地跟進，呈左弓步。兩掌逆變順纏隨身折疊虛握拳弧形提起，停於腹前，兩拳之間相距約一拳。呼氣，眼看兩拳前（圖73-2）。

圖 73-1　　　　　　圖 73-2

【要領】轉身要靈活，提腿下按要同時，兩拳上提要在身形的折疊下進行。

六封四閉

【動作一】

丹田左轉帶動身體左轉 135 度，面向場地的左前方，重心在右。右腳向前一大步，腳尖裏扣；左腳隨即收至右腳旁，腳尖虛點地。同時兩拳變掌產向下、略後外開，變順纏向上、向胸前合。左掌變拳，拳面向上，拳心對心窩；右掌心附於左拳背。先吸後呼氣，眼看左前（圖 74-1）。

【動作二】

丹田右引左轉帶動身體略右螺旋上升，再左螺旋下沉，方向不變，重心在左。左腳向左前上半步踏實，右腳

圖 74-1

隨跟上，虛點左腳旁。同時左拳右掌略順纏，變逆纏裏翻向左下掤按，左拳心向外，高與小腹齊；右掌掌心附於左拳背。先吸後呼氣，眼看左前（圖74-2）。

【要領】兩掌向後不可太過，兩手合須與腳裏收同時。定勢時，左身側保持上下一線，兩臂要向左前掤圓。

金剛搗碓

【動作一】

丹田右轉帶動身體右轉 135 度，面向場地的右側方，重心偏右。右腳跟裏轉落地踏實，左腳尖內扣。同時，右掌變拳逆纏向右上畫弧至肩外；左拳逆纏在左腹掤勁不丟。吸氣，眼看右上（圖75-1）。

圖 74-2

圖 75-1

【動作二】

丹田左引右轉帶動身體左右旋轉，方向不變，重心略偏右。左腳踏實，右腳提起，落地震腳。右拳逆變順纏裏合至中線前，拳輪對鼻尖，再以右肘尖領勁下搗在左掌心內；左拳變掌原位逆變順纏，掌心向上。先吸後呼氣，眼看前下（圖75–2）。

【要領】 肘尖下搗須和震腳一致。

下四平

【動作一】

丹田左轉帶動身體左轉180度，面向場地的左側方，重心偏右。右腳向前上半步，腳尖隨轉身裏扣；左腳即離地，腳尖點在右腳前，呈虛步。同時，右拳變掌逆纏向左

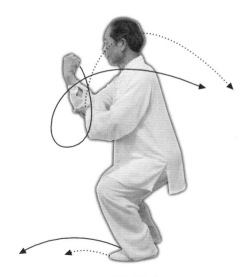

圖 75–2

肘外下蓋後變順纏向下、向後、向上、向身前下劈，指尖
與鼻尖同高；左掌順變逆纏在右小臂裏側畫上弧下劈至右掌
前，兩指尖同高。先吸後呼氣，眼看兩掌前（圖76-1）。

【動作二】

丹田右旋左轉帶動身形螺旋下沉，方向不變，重心在
右。右腳後退一步踏實；左腳即收回虛點地，呈低架虛
步。同時，雙掌隨右腳後退畫下弧，隨左腳點地畫上弧呈
一立圓，停於身前，高與眼同。先吸後呼氣，眼看兩掌前
（圖76-2）。

【要領】兩掌隨身轉畫立圓，身法起落較大。定勢坐
身要低。

圖 76-1　　　　　　　　　圖 76-2

秦王拔劍

【動作一】

丹田左轉帶動身體左轉 45 度，面向場地的左後方，重心偏左。左腳上前墊步踏實；右腳隨鑽地跟進，呈左弓步。同時，右掌順纏裏收，突腕背，以拳眼貼附於右小腹，使右肘的尺骨端與順變逆纏的左掌在身前相合。呼氣，眼看右肘前（圖 77-1）。

【動作二】

丹田左轉帶動身體左轉 45 度，胸向場地的左後方，重心偏左。左腳不動；右腳前上一步。右拳變掌順變逆纏前托再合於左肩上；同時左掌心沾搭在右肘彎裏。吸氣，眼看左肩外（圖 77-2）。

圖 77-1　　　　　　　　　　圖 77-2

【動作三】

　　丹田右轉帶動身體螺旋下沉，右轉 45 度，胸向場地的左側方，重心偏右。右腳踏實，左腳後撤一大步，呈右弓步。同時，右掌逆纏握拳從左肩上略走下弧向右上展開，拳心向下，拳眼對左肋部；左掌順變逆纏，經左肋下握拳向身後，突腕背貼於左肋後。呼氣，眼看左肩外（圖 77-3）。

　　【要領】右腳上步後即後撤左腳，中間不能停頓。右拳與左胯有對拉拔長之意。

圖 77-3

存孝打虎

【動作一】

丹田左引右轉帶動身體螺旋略下沉，左轉 45 度，再螺旋上升右轉 90 度，面向場地的左前方，重心在左。左腳略後撤踏實；右膝提起，呈左獨立步。同時右拳逆纏略前引，變順纏畫弧經左肩前，變逆纏向右下經右膝至右胯外，拳心向下；左拳逆變順纏，畫外弧向左前上左額外上，拳心向左上。吸氣，眼看身前兼顧右拳（圖 78-1）。

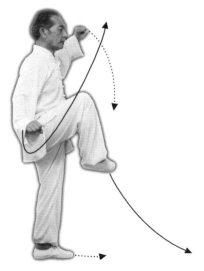

圖 78-1

【動作二】

　　丹田左轉帶動身體螺旋下沉，左轉 45 度，面向場地的左側方，重心偏右。右腳前跨落地踏實；左腳隨鑱地跟進，呈右弓步。同時，右拳逆變順纏，在右肋前畫一小平圓，變順纏從中線經左臂裏、變逆纏豎臂前掤，拳眼對右耳；左拳逆纏向右下蓋壓，拳背上對右肘尖，呼氣，眼看身前（圖 78-2）。

　　【要領】兩手畫圈要圓活，右膝上提與左胯下沉要有上下對拉拔長之意。定勢時，右肘尖與右膝上下對準，左肘有前掤之意。

圖 78-2

鍾道仗劍

【動作一】

丹田右轉帶動身體右轉 180 度，面向場地的右側方，重心在右。右腳後撤一步，左腳隨轉身向身前虛點地，呈虛步。同時，雙拳雙逆纏下蓋至襠前，右拳在上，再變雙順纏，兩腕沾連上翻至鼻尖前，左拳在外。先吸後呼氣，眼看兩拳前（圖 79-1）。

圖 79-1

【動作二】

　丹田略左引左轉帶動身形折疊，方向不變，重心偏右。左胯鬆沉，重心稍前移，右腳跟稍離地；隨即左腳掌回彈，右腳跟踏實，仍呈左虛步。同時，雙拳雙順纏原位略合再雙逆纏在身前左下右上開，右拳在右額外上，拳心向右外上，拳眼對左胯前；左拳在左胯前，拳心向下，拳眼對左胯。先吸後呼氣，眼看身前兼顧左右（圖79-2）。

　【要領】轉身時，雙拳下護襠、上護面。兩拳對拉開於左腳回彈相應。右手有持劍於身前之感。

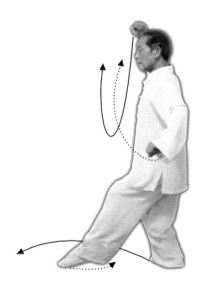

圖 79-2

佛頂珠

【動作一】

丹田左轉帶動身體左轉 90 度，面向場地的正前方，重心偏右。左腳腳尖外撇踏實；右腳上步，隨轉身腳尖裏扣，重心略移右腳。同時，雙拳變掌，雙逆纏下開於胯前，隨轉身變雙順纏走外弧交叉合於額上，兩掌心斜向後上。先呼後吸氣，眼看前，兼顧左右（圖80-1）。

【動作二】

丹田微左引右轉帶動身體左右旋轉折疊開合，方向不變，重心略偏左。兩腳不動。兩掌順變逆纏，掌心向上，掌指分向後旋圈至兩手指尖相對，位於百會穴上。定勢時，身折疊使兩肘向後彈抖。呼氣，眼看前兼顧左右（圖

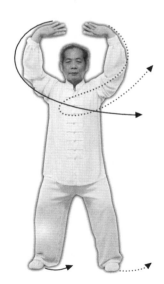

圖 80-1　　　　　　　　　圖 80-2

80-2）。

【要領】此勢充分體現出身法折疊彈抖，不可有絲毫的硬氣、橫氣在胸。

反蹚莊望門攢

【動作一】

丹田左轉帶動身體螺旋略下沉左轉45度，面向場地的左前方，重心偏左。左腳向場地的左側方略墊步踏實；右腳需鑱地跟進。同時，右掌略順纏向右，變逆纏向左畫上弧下壓至左肩外，掌心向下，指尖向左；左掌逆纏下落變順纏略向右，經右小臂裏側上托，並向左肩外穿出，掌心向上，指尖向左。吸氣，眼看左掌前（圖81-1）。

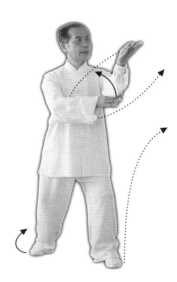

圖 81-1

【動作二】

　　丹田左轉帶動身體左轉 45 度，面向場地的左側方，重心在右。右腳略後撤踏實，左腳即提膝勾腳蹬出，高與胯齊。同時，左掌變拳順變逆纏，走上弧合於左胸、走下弧開於左肩前，拳心向後，拳眼向下；右掌略順，變逆纏經左腕背沿左小臂背側，至左肩窩前，指尖向上。呼氣，眼看左前（圖 81-2）。

　　【要領】動作一反蹬掌要求左掌緊接在右掌下壓的瞬間，即所謂「打閃認針」；動作二要求左臂、左腿上下相對。

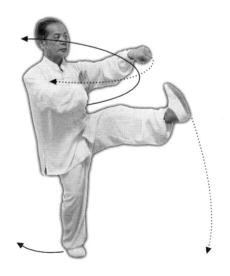

圖 81-2

下紮勢上一步封閉提拿

【動作一】

丹田左引右轉帶動身體螺旋下沉右轉 45 度,面向場地的左前方,重心偏右。左腳落地踏實;右腳隨即略厚移踏實,左腳略收回。右掌變拳順變逆纏從左小臂下前鑽,左拳隨收回,以拳背貼附於右小臂裏側近肘處。隨右胯鬆沉呈虛步時,右拳逆纏向右上畫弧上掤,拳輪對太陽穴,左拳沾連於右小臂裏側。先呼後吸氣,眼看前上(圖82-1)。

【動作二】

丹田左轉帶動身體螺旋略下沉左轉 45 度,面向場地的左側方,重心偏左。左腳上半步,右腳隨鏟地跟進,呈左弓步。同時,右拳逆纏從左小臂裏向下栽拳,拳面與膝同高,拳背向左;左拳逆纏沾連以拳眼貼於右小臂近肘處。呼氣,眼看前下(圖82-2)。

圖 82-1   圖 82-2

【動作三】

　　丹田右引左轉帶動身體略右轉螺旋略上升，再螺旋略下沉左轉45度，胸向場地的左後方，重心偏右。右腳向前上一步踏實；左腳隨鑽地跟進，呈右弓步。同時，兩拳變掌，右掌在外十字交叉由中線上掤至喉前，左掌略勾指，掌心向裏；右掌略勾指，掌心向外，兩掌掌背相對。右腳略墊步，左腳隨鑽地跟進，仍呈右弓步。同時，兩掌腕裏相貼附，左掌逆纏反轉掌心向外；右掌順纏反轉掌心向裏（圖82-3）。

　　【要領】動作一、二是擊地捶，右拳順纏護頭，逆纏下擊護腹；動作三兩掌翻轉要連續。

圖 82-3

推山二掌

【動作一】

丹田左轉為右旋帶動身體螺旋上升再螺旋下沉左轉 180
度，面向場地的左側方，重心偏左。右腳尖裏扣，鬆左
胯，身往左轉，提左腳向場地的右側方進步踏實；右腳隨
鑱地跟進，呈左弓步。同時，左掌逆變順纏，掌心向上，
隨轉身托於左腮下，變逆纏向前推按，掌心向右前，指尖
向上；右掌順纏，掌心向上，沾連左掌至左腮下，裏勾腕
下落於腹前，掌心向上，指尖向前。先吸後呼氣，眼看左
掌前（圖 83-1）。

圖 83-1

【動作二】

丹田右引左轉帶動身體螺旋略上升右轉 45 度，再螺旋略下沉左轉 45 度，左腳前墊半步；右腳隨鑲地跟進，仍呈左弓步。同時，右掌順纏指尖外旋上托至右腮下，變逆纏向身前推按，掌心向左，指尖向上；左掌逆纏經右掌上變順纏下落於腹前，裏勾腕，掌心向上，指尖向右前。先吸後呼氣，眼看右掌前（圖 83-2）。

【要領】托腮旋腕要圓活，推掌時肘部微屈。

圖 83-2

羅漢降龍

【動作一】

丹田右旋左轉帶動身體右螺旋略上升，再左螺旋略下沉左轉45度，面向場地的右前方，重心偏左。左腳前墊半步，右腳隨鏟地跟進。同時，雙掌變拳，右拳逆纏向後下、向外、向上至右額前拳心向右上，拳眼對右額；左拳逆纏略向左胯外變順纏向上經左肩前，再變逆纏下落至左腹前，拳心向下，拳眼向裏。先吸後呼氣，眼看左肩外（圖84-1）。

【要領】兩拳上下畫弧走圈要圓活，注意鬆腰活胯。定勢時，左便肩、肘、膝上下直線相合。

圖 84-1

左轉紅拳左跨馬，右轉紅拳右跨馬

【動作一】

丹田右轉帶動身體螺旋上升右轉 90 度，面向場地的右後方，重心在右。鬆右胯，右腳踏實；左腳後撤半步於右腳前方虛點地，呈左虛步。同時，左拳逆纏向左前上掤起，反轉拳輪向上，高與額齊；右拳逆變順纏向裏、向下收回，以拳輪貼附於右肋下。吸氣，眼看左前（圖 85-1）。

【動作二】

丹田左轉帶動身體左轉 90 度，面向場地的右前方，重心在左。左腳後撤踏實；右腳隨向左腳前移步，腳尖點地呈虛步。同時右拳順變逆纏向右前上掤起，翻轉拳輪向

圖 85-1　　　　　　　　　　　圖 85-2

上，高與額齊；右拳逆變順纏向裏、向下收回，以拳輪貼附於右肋下。吸氣，眼看右前（圖85-2）。

【動作三】

丹田右轉帶動身體右轉45度，面向場地的右側方，重心在右。右腳前進一步踏實，左腳隨鑱地，呈右弓步。左拳順變逆纏，虎口及腕部貼左肋下翻轉，左肘前合；右拳變掌逆變順纏合於左腕後，再變逆纏突腕背勾貼左腕下。呼氣，眼看左肘外。（圖85-3）

動作四、五、六，同動作一、二、三，唯左右相反（圖85-4、圖85-5、圖85-6）。

【要領】兩拳輪流向前掤引，內勁源於丹田；動作二中兩腳退、進要輕靈；動作三肩沉、肘擊、兩腕翻勾要協調。

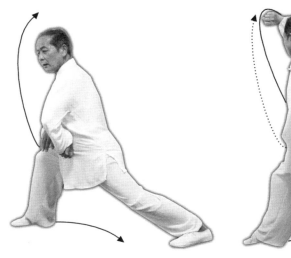

圖85-3

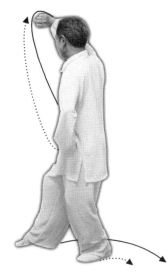

圖85-4

圖 85-5

圖 85-6

左搭袖右搭袖

【動作一】

丹田右轉微左旋帶動身體右轉45度，面向場地的右後方，重心偏右。鬆沉右胯，左腳即向場地的右側方進半步踏實，右腳隨鏟地跟進，呈右偏馬步。同時，兩手變掌雙順纏上托至胸前，兩掌掌心均向上，右掌托左小臂近腕處。隨上步，左掌逆纏裏勾腕向下、向左膝上穿出，右掌仍順纏沿左小臂背側向上，以小指側黏貼左肘下橈骨側。先吸後呼氣，眼看左肘前（圖86-1）。

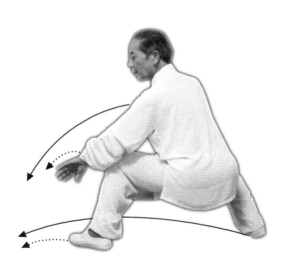

圖 86-1

【動作二】

　　丹田左轉為右旋帶動身體左轉 90 度，面向場地的右前方，重心偏右。右腳向場地的右側方跨一大步，左腳鏟地跟進。以下同動作一，唯左右相反（圖 86-2）。

　　【要領】向前下穿出一側的身形要正，即肩與胯上下相合。兩掌翻轉與兩腳動步要上下相應。

回頭摟膝拗步插一掌

【動作一】

　　丹田微右旋左轉帶動身體螺旋略下沉再螺旋上升左轉 135 度，面向場地的左側方，重心在右。右腳略向前墊步，

圖 86-2

隨轉身腳尖裏扣踏實，左膝上提。同時，右掌略逆纏下壓，變順纏上托經頭面前至右額前；左掌順纏上托至頭面前，變逆纏下蓋，經右肋前向左摟膝至左胯外。略呼再吸氣，眼看左掌前（圖87-1）。

【動作二】

丹田左轉帶動身體螺旋下沉左轉45度，胸向場地的左後方，重心偏左。左腳上步踏實，右腳隨隨鑱地跟進，呈左弓步。同時，右掌逆纏，掌背經左耳向下插至襠前，掌心向右，指尖向下；左掌順纏，向左上畫弧停於左額前，掌心向左上，指尖斜向右上。呼氣，眼看右掌前（圖87-2）。

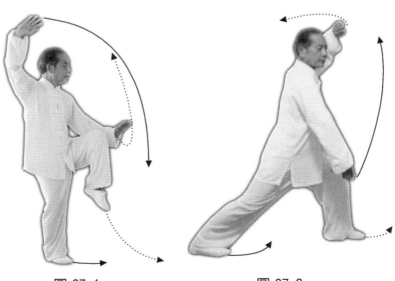

圖 87-1　　　　　　　圖 87-2

【動作三】

丹田右轉帶動身體螺旋略上升右轉 45 度，胸向場地的左側方，重心偏左。左腳向前略墊步，右腳隨鑱地跟進，仍呈左弓步。同時，右掌順纏上挑，與胸同高，掌心向左，指尖向上；左掌逆纏向下勾指以拇指跟結貼附於左肋下。呼氣，眼看右掌前（圖 87-3）。

【要領】獨立時頂勁上領，含胸拔背，意氣下沉，頭頂與腳底形成對拉拔長之勢。右掌下插時，右掌有前搠之意。

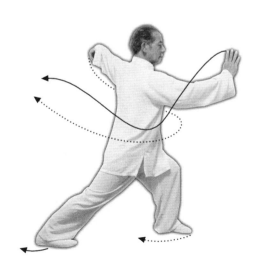

圖 87-3

轉身三請客

【動作一】

　　丹田右轉帶動身體螺旋略上升，右轉 180 度，面向場地的右側方，重心偏右。右腳略離地向場地的右側方略進步踏實，左腳隨跟進，呈右弓步。同時，雙掌變拳，順纏至兩肋下變雙逆纏畫外弧向頭面前合，位在兩太陽穴前，兩拳面斜相對。先吸後呼氣，眼看兩拳前（圖88-1）。

【動作二】

　　丹田略右轉帶動身體螺旋略下沉，方向不變，重心偏右。右腳不動；左腳上前一步，虛踏地。同時，兩拳雙順纏畫外弧向外下開，再裏合於兩肋前，拳心向上，兩拳略窄於身寬。先吸後呼氣，眼看前下（圖88-2）。

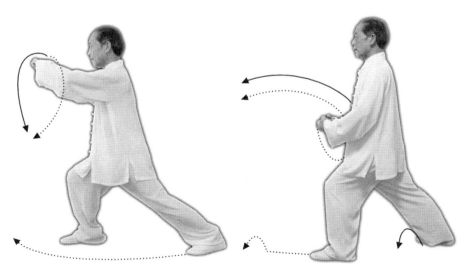

圖 88-1　　　　　　　　　　　　圖 88-2

【動作三】

丹田略左轉帶動身形折疊螺旋略上升，方向不變，重心偏左。左腳踏實；右腳上前一步，兩腳蹬地略躍起，落地震腳，呈右弓步。同時，兩拳順纏收回略上提，變逆纏翻拳心向下，從胸前向前擊出，兩拳相距 10 公分。先吸後呼氣，眼看兩拳前（圖 88–3）。

【要領】此勢節奏較快，兩腳上步要連續。

圖 88–3

掩手肱拳雙架樑

【動作一】

丹田左引右轉帶動身法左右旋轉折疊，方向不變，重心在右。右腳後撤一步，左腳隨之略退。同時，右拳逆纏向前略引，即變順纏收回在右肋下，拳輪貼右肋。左拳變掌順纏略伸，位在下頜前，掌心向上，指尖向前。先吸後呼氣，眼看左拳前（圖89-1）。

【動作二】

丹田左轉帶動身體向左旋轉45度，胸向場地的右前方，重心偏左。左腳略向前墊步踏實；右腳隨鏟地跟進，呈左弓步。同時，右拳順變逆纏從左掌下向前擊出，高與肩同；左掌順變逆纏，掌心向下勾指收回，虎口貼附於左胸前。先吸後呼氣，眼看右拳前（圖89-2）。

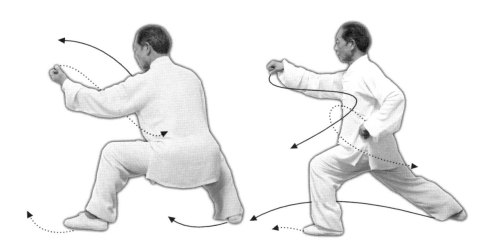

圖 89-1　　　　　　　　　　　圖 89-2

【動作三】

丹田左轉帶動身體螺旋略下沉，左轉 45 度，胸向場地的正前方，重心偏右。右腳向前上一大步，腳尖裏扣；左腳橫向隨鏟地跟進，呈右偏馬步。同時，左掌變拳，雙拳雙順纏十字交叉裏合於胸前，右拳在外，即變雙逆纏下沉，向兩旁開至兩膝上，拳心向後，拳面向下。先吸後呼氣，眼看右拳外（圖 89-3）。

【要領】掩手紅捶，要勁起於腳跟，退步、進步要輕靈。雙架樑要立身中正，兩肩、兩胯上下相對，全身上下左右具開。

單鳳朝陽

【動作一】

丹田微右旋左轉帶動身體螺旋略下沉，右轉 45 度，面向場地的右前方，重心偏左。左腳向場地的左側方橫移半

圖 89-3

步；右腳隨之變虛。同時，雙拳變掌左順右逆纏變左逆右
順纏，在身前旋圈換勁，右掌在右膝裏上，手心向左，掌指
向前下，高與臍同；左掌在右小臂裏側，掌心向左下，掌指
向前，高與上腹同。先吸後呼氣，眼看身前（圖90-1）。

【動作二】

丹田微左旋帶動身體螺旋上升，方向不變，重心在
左。左腳踏實，右膝上提，呈左獨立勢。同時，左掌繼續
逆纏走下弧至左額左上方，掌心向左上，指尖向右上；右
掌繼續順纏向前鑽出，掌心向上，指尖向前。呼氣，眼看
右掌前（圖90-2）。

【要領】動作一、二不停，定勢時，右肘下墜對右
膝。

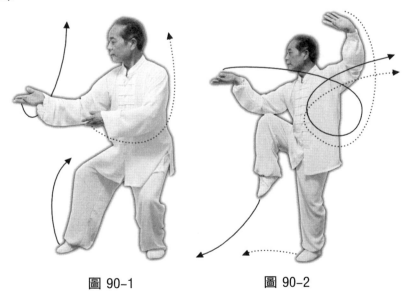

圖90-1　　　　　　　圖90-2

回頭高四平金雞曬膀

【動作一】

丹田左轉右旋再左轉帶動身體螺旋下沉，左轉135度，面向場地的左側方，重心偏右。右腳向前落地，腳尖裏扣；隨轉身左腳在右腳前，腳尖點地呈左虛步。同時，雙掌左順右逆纏變左逆右順纏，再變左順右逆纏畫立圓向上、向左、向下、向右、向上、向左落於身前，左掌掌心向右，掌指向上，高與肩同；右掌掌心向左，掌指向上，位於左肘裏側。先呼後吸再吸氣，眼看兩掌前（圖91-1）。

圖 91-1

【動作二】

　　丹田左轉帶動身體螺旋略下沉，左轉90度，胸向場地的正後方，重心偏左。右腳向左腳前上步；左腳略跟進。隨即左腳向場地的右側方橫開一步，坐胯踏實；右腳隨略收回於左腳的右側，腳尖點地。同時，左掌順纏向裏，掌心貼附於右掌背，雙掌即變雙逆纏勾腕走上弧向上、向裏從中線向下至上腹前。隨身左移，兩掌左上右下展開，左掌逆纏至左額左上方，突腕裏，掌心向左上，指尖斜向右上；右掌逆纏向下至右胯外側，突腕背，虎口向下，指尖向右。呼氣，眼看右掌外（圖91-2）。

　　【要領】 兩掌畫立圓時，兩手的距離保持一定。定勢時左臀外突，身體不可傾斜。

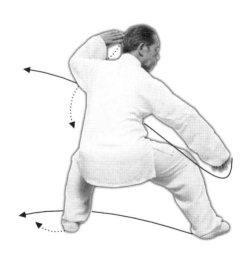

圖 91-2

托天叉

【動作一】

丹田左轉帶動身體左轉 90 度，面向場地的右側方，重心偏右。右腳向場地的右側方進一大步踏實；左腳隨鏟地跟進，呈右弓步。同時，左掌逆纏下蓋至上腹前，掌心向下，指尖斜向右前；右掌逆變順纏在身後向後左畫弧至右肋旁，變順纏掌心向上，虎口張開，經左掌上向前叉出，高與喉同。先吸後呼氣，眼看右叉掌前（圖 92-1）。

圖 92-1

【動作二】

丹田略左引右旋帶動身體略下沉再略上升，方向不變，重心仍偏右。右腳前墊半步踏實；左腳隨鏟地跟進，仍呈右弓步。同時，右掌略沉變逆纏前叉；左掌原位隨之略前掤，掌指向右。呼氣，眼看右掌前（圖 92-2）。

【要領】右掌前叉勁起於後腳跟，兩次前叉，中間機不能停。

圖 92-2

左搭眉，右搭眉

【動作一】

丹田左轉帶動身體螺旋略下沉，左轉 135 度，胸向場地左前方，重心偏右。隨轉身右腳尖裏扣踏實；左腳尖外撇略收回，腳尖向場地的左側方。同時，右掌順纏上托旋轉收回至右耳旁；左掌逆纏向下至襠前，掌心向左，指尖向下。吸氣，眼看身前（圖 93-1）。

【動作二】

丹田左轉帶動身體左轉 45 度，胸向場地的左側方，重心偏左。右腳不動；左腳踏實。同時，左掌逆變順纏上托，掌心向上，掌指向前，高與頸齊；右掌順纏下蓋於右頸前，掌心向下，指尖向前。呼氣，眼看左掌前（圖 93-2）。

圖 93-1   圖 93-2

【動作三】

丹田左引右轉帶動身體螺旋略下沉，右轉 45 度，胸向場地的左前方，重心偏右。左腳踏實；右腳向前上一步，左腳隨鑣地跟進，呈右弓步。同時，右掌順纏翻掌心向上，經左掌背向前穿至左眉前，變逆纏勾腕向右橫叼至右眉外，鉤尖向右外下；左逆纏翻掌心向下裏收，虎口貼上腹中線，指尖向下，左肘前合。呼氣，眼看左肘前（圖 93-3）。

【動作四】

丹田右引左轉帶動身體螺旋略上升，再螺旋略下沉左轉 90 度，胸向場地的左後方，重心偏左。右腳不動；左腳向前上步。以下同動作三，唯左右相反（圖 93-4）。

【要領】動作一至四要連續，不能中斷。上面勾叼，

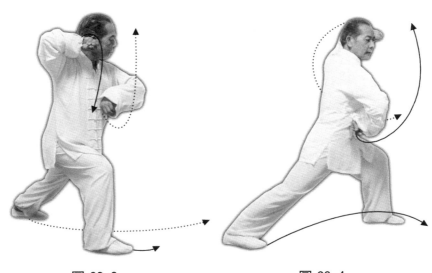

圖 93-3　　　　　　　　　　圖 93-4

下面肘向裏合，肘尖向身外、向下斜 45 度，不能過高或過低。身法要中正不偏。

天王降妖

【動作一】

丹田左轉右引帶動身體螺旋下沉，再螺旋上升左轉 45 度，面向場地的正後方，重心偏右。左腳不動；右腳向場地的左側方向前一大步踏實。同時，右掌逆變順纏，略下沉再上托至右額前；左掌逆纏略上提變順纏翻掌心向上，畫外弧向下至右胯前。先呼後吸氣，眼看左前下（圖 94-1）。

【動作二】

丹田左轉帶動身體螺旋上升，左轉 45 度，面向場地的右後方，重心在右。右腳隨轉身腳尖裏扣；左膝上提，呈

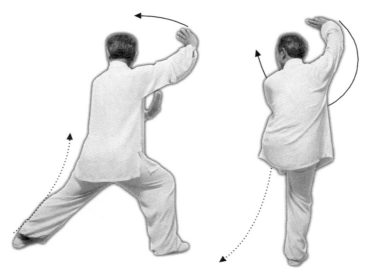

圖 94-1　　　　　　　　圖 94-2

右獨立步。同時，雙掌變劍指，右肩至右額前，繼續外
掤，突腕裏，指尖向左上；左劍指至右肋前，掌心向下指
尖向右上，突腕裏。吸氣，眼看左方（圖94-2）。

【要領】此勢身法下沉再上升，幅度較大。左肘與左
膝要相合，虛領頂勁，右獨立腿要直而不挺。

上一步鐵幡杆

【動作一】

丹田右引左轉帶動身體螺旋下沉，再螺旋上升右轉45
度，面向場地的正後方，重心偏左。左腳向左上步落地踏
實；右腳變虛。同時，雙劍指變拳，右拳逆變順纏翻拳心
向上，向左走下弧畫至左額前；左拳逆纏裏合於右肘下，
拳下向左下。先呼後吸氣，眼看右前（圖95-1）。

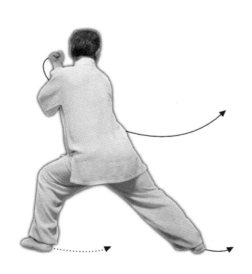

圖 95-1

【動作二】

丹田左引右轉帶動身體螺旋下沉，再螺旋上升右轉90度，面向場地的左側方，重心偏右。右腳向場地的左側方墊半步踏實；左腳隨鑱地跟進，呈右弓步。同時，右拳順變逆纏，走下弧向下、向右經襠部至右膝前，再變順纏翻轉挑起，拳眼向上；左拳隨右肘逆變順纏，貼右肘裏，拳眼向上，兩拳高與心窩齊。呼吸，眼看右拳前（圖95-2）。

【要領】動作一、二中右拳畫弧要連續，右拳上挑後，小臂與地面呈水平。

圖 95-2

下一步子胥拖鞭

【動作一】

丹田左轉帶動身體左轉 90 度，面向場地的正後方，重心偏左。左腳不動踏實；右腳尖裏扣。同時，兩拳雙逆纏，右拳向裏、向下在身前畫一小立圓，拳面向下；左拳沾連於右臂裏側。先吸後呼氣，眼看右小臂外（圖 96-1）。

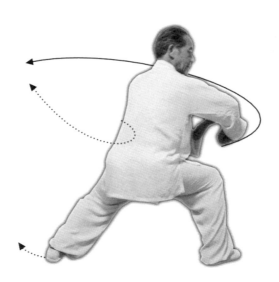

圖 96-1

【動作二】

丹田左轉帶動身體螺旋略上升，左轉 90 度，面向場地的右側方，重心偏左。左腳向場地的右側方上步踏實；右腳不動呈左弓步。同時，雙拳逆變順纏，向身後、外畫小弧開，繼向身前合掌，兩掌高與胸同，掌指向前。先吸後呼氣，眼看兩掌前（圖 96-2）。

【動作三】

丹田左轉帶動身體螺旋略下沉，左轉 90 度，面向場地的正前方，重心在左。左腳不動，右腳向前上一步，腳尖裏扣。同時，兩掌左逆右順纏，左掌心貴右小臂；右小臂向裏豎起裏勾腕。吸氣，眼看右肩外（圖 96-3）。

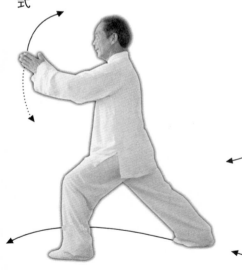

圖 96-2

圖 96-3

【動作四】

丹田左轉帶動身體螺旋下沉，左轉 45 度，面向場地的左前方，重心偏左。左腳向前略上步踏實；右腳隨即後伸，使身形下沉，呈低架左弓步。右掌變拳，順變逆纏從胸前中線下穿，經小腹過右胯，向右外開，拳背向前，拳眼向下；左掌合於右肩，掌心向右，掌指向上。呼氣，眼看右拳上（圖 96-4）。

【要領】兩掌相擊要響亮。左腳上步不要大，右腳後伸距離要大些。定勢時，左肘對右膝，右肩下捲對右胯。右臂與右腿相對，右手似握一鋼鞭。

圖 96-4

蒼龍擺尾

【動作一】

　　丹田右旋左轉帶動身體螺旋略下沉，再螺旋上升右轉90度，再左轉135度，面向場地的左側方，重心偏左。兩腳不動，身右轉時，略弓右腿，重心右移；身左轉時，弓左腿，左腳尖外撇重心左移。同時，隨身右轉，右拳變掌逆纏向右腳方向略引，繼變順纏隨身左轉向左膝前與左掌合擊；左掌隨身右轉在原位略下壓，隨身左轉仍逆纏走下弧向下、向左膝上方撩出，繼變順纏與右掌合擊，兩掌掌指向前，高與胸同。先吸後呼氣，眼隨身轉，定勢時，眼看兩掌前（圖97-1）。

圖 97-1

【動作二】

丹田微左旋帶動身形折疊，方向不變，重心偏右。右腳向前上步；左腳隨鑽地跟進，呈右弓步。同時，兩掌雙順變雙逆纏下按，位在上腹前。先吸後呼氣，眼看兩掌前（圖97-2）。

【動作三】

丹田右旋左轉帶動身體螺旋略下沉，再螺旋略上升，方向不變，重心偏左。同時，左腳上步向前，右腳隨鑽地跟進，呈左弓步。同時，兩掌雙順纏隨身略下沉，變雙逆纏向前抖發。先吸後呼氣，眼看兩掌前（圖97-3）。

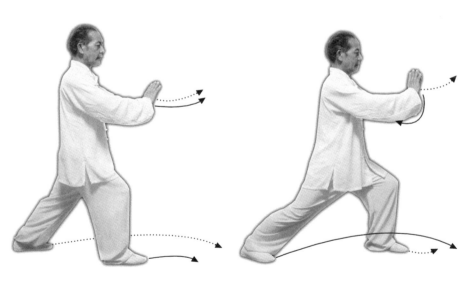

圖 97-2　　　　　　　　　　圖 97-3

【動作四】

丹田左轉帶動身形折疊，方向不變，重心偏右。右腳上步，左腳隨鑷地跟進，呈右弓步。兩掌略順變雙逆纏，立掌前按，右掌在前；左掌略後，掌沿向前，指尖向上。先吸後呼氣，眼看兩掌前（圖97-4）。

【要領】兩掌心合擊要響亮。兩掌的下按、上抖、前按發勁要連貫，身形的折疊旋轉要協調，不可有挪勁在身。

圖 97-4

仙人摘乳

【動作一】

丹田左轉帶動身體螺旋下沉，左轉 90 度，面向場地的正後方，重心偏右。右腳不動，左腳向場地的右側方蹬出，呈左仆步。同時，兩掌雙逆纏，左下右上開，左掌位於左胯外，掌心向下，掌指向前；右掌在右額前外，掌心向右外上，掌指向左上。吸氣，眼看左下（圖 98-1）。

【動作二】

丹田左轉帶動身體螺旋下沉，左轉 90 度，面向場地的右側方，重心偏左。左腳尖外撇踏實；右腳上步震腳於左腳旁，身下蹲。兩掌逆變順纏，右掌與左掌掌心相擊於小腹前。呼氣，眼看兩膝前（圖 98-2）。

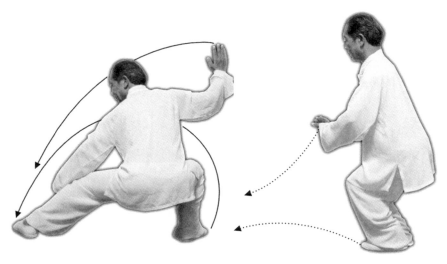

圖 98-1   圖 98-2

【動作三】

丹田右轉帶動身體螺旋略上升，右轉 90 度，面向場地的正後方，重心在右。右腳不動，左腳向前上一步，隨轉身兩腳以腳掌為軸，腳跟向左轉震地。同時，兩掌心貼住，在原位左逆右順纏，碾轉為左掌在上。隨轉身，右掌變逆纏勾指尖，突腕背，從左腕外勾拉，沿左臂裏側經胸前兩乳，至右乳外側，掌心向外下；左掌逆纏突腕力，向左胯外斜下推出，掌心向左下，指尖向右上。先吸後呼吸，眼看左掌外（圖98-3）。

【要領】擊掌時要響亮，重心要低，但仍要立身中正，不可前俯。兩腳震地要與兩掌拉開一致。

圖 98-3

回頭一炮拗鸞肘

【動作一】

丹田左引右轉帶動身體螺旋微下沉，再螺旋上升，身體左轉45度，再右轉90度，胸向場地的左側方，重心偏右。鬆沉左胯，重心略移左，向前進右步踏實，呈右弓步。同時，兩掌變拳雙逆纏合於當前，左拳貼附於右小臂近肘處。隨身右轉，右拳逆纏上翻畫上弧變逆纏向下至小腹前，拳背下對右膝；左拳順纏貼附於右小臂裏側。先吸後呼氣，眼看右拳前（圖99-1）。

圖 99-1

【動作二】

　　丹田左引右轉帶動身體左旋右轉，方向不變，重心仍偏右。右腳前進半步，左腳隨鑽地跟進，仍為右弓步。同時，兩拳雙逆纏微下沉，變雙順纏向前上彈抖掤出。右拳橫小臂於右膝上，突腕背，拳眼向上；左拳拳面對右小臂裏，居右小臂約一拳之隔。先吸後呼氣，眼看身前（圖99-2）。

【動作三】

　　丹田左引右轉帶動身體左旋右轉，方向不變，重心仍偏右。右腳前進半步，左腳隨鑽地跟進，仍為右弓步。同時，隨右腳進步，左拳順纏裏收，以拳輪貼左肋下；右拳變掌逆纏立掌前推。隨跟步定勢，左拳逆纏翻轉，左肘前合，左拳眼貼附於左腹部；右掌順變逆纏與左肘合擊。先吸後呼氣，眼看左肘前（圖99-3）。

圖 99-2

圖 99-3

【要領】動作一、二、三分別是翻花炮、當頭炮、拗鷥肘，三者氣勢要連貫，發勁要鬆活彈抖。

跺子二紅仙人捧玉盤

【動作一】

丹田右轉左旋帶動身體螺旋下沉，再略上升，身體右轉 135 度，胸向場地的正前方，重心偏左。左腳上步踏實，右腳隨橫向鑽地跟進。同時，左拳變掌，逆——順——逆纏，向左外、上、身前與逆纏略向上的右掌在左腰側略合。左肘尖向上發出，左掌變勾，鉤尖向後，位於腋窩下；右掌隨之逆纏上托助勢，掌心向上，虎口向右，同時身微彈起，落地下震。先吸後呼氣，眼看左肘上（圖100-1）。

圖 100-1

【動作二】

丹田左轉帶動身體螺旋略上升，左轉 90 度，面向場地的左側方，重心偏左。左腳向場地的左側方上半步踏實，右腳隨鑽地跟進，呈左弓步。同時，兩手逆纏指尖向下沿中線下插至臍旁，再變雙順纏向前上托，高與肋同，掌心向上，掌指向前，兩掌與肩同寬。先吸後呼氣，眼看兩手前（圖 100-2）。

【動作三】

同動作一，唯左右反之（圖 100-3）。

圖 100-2　　　　　　　　　　　圖 100-3

【動作四】

同動作二，唯左右反之（圖 100-4）。

【要領】打沖天肘時，身體不能過於傾斜，要求勁
整。

夜叉探海

【動作一】

丹田略右引左轉帶動身體向左翻轉 180 度，面向場地
的左側方，重心略偏右。左腳提起在右腳處落地，右腳向
左腳處落地，呈為「倒步」，身下沉。同時，兩掌雙逆
纏，掌心相對向上經頭面向下畫立圓，左掌落於小腹前，
右掌落於胸前。先吸後呼氣，眼看右掌前（圖 101-1）。

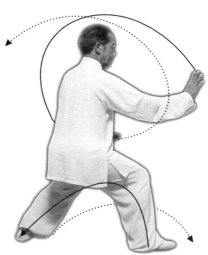

圖 100-4   圖 101-1

【動作二】

同動作一，唯左右相反，面向場地的右側方（圖 101-2）。

【動作三】

丹田左引右轉帶動身體左右旋轉，方向不變，重心偏右。左腳踏實，右腳上步踏實，再上左步。同時，兩掌順變逆纏，突腕背，再逆變順纏向裏旋轉，再外翻。先吸後呼氣，眼看兩掌下（圖 101-3）。

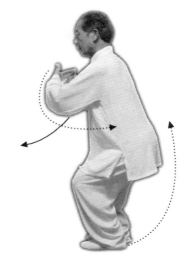

圖 101-2　　　　　　　　　圖 101-3

【動作四】

　　丹田左引右轉帶動身體螺旋下沉，再螺旋上升，方向不變，重心在左。右腳上步，在左腳旁震腳落實；左腿扣膝提起，小腿呈水平位，勾腳，腳底向左後。同時，兩掌順纏，右掌呈劍指從左腕下向右下伸出，虎口斜向上，掌心向左前；左掌勾指附於左肋下。呼氣，眼看右前下（圖101-4）。

　　【要領】兩掌上下畫弧輪劈時，兩掌之間的距離要保持穩定，不能忽大忽小。上步與兩手的翻轉要配合一致。獨立勢要穩定，大腿與小腿呈90度角。

圖 101-4

劉海捕蟬

【動作一】

丹田右轉帶動身體螺旋下沉，右轉 90 度，面向場地的後方，重心在左。左腳前落，腳尖裏扣踏實；右腳隨轉身腳跟提起，腳尖點地呈虛步。兩掌左逆右順纏以腕裏相黏貼，位在腹前。吸氣，眼看右下（圖 102-1）。

【動作二】

丹田右轉帶動身體螺旋下沉，右轉 45 度，面向場地的左後方，重心仍在左。左腳不動，右腳尖略前伸虛點地。同時，右掌疾徐順纏向右腳尖方向鑽出；左掌繼續逆纏至右腕裏上，略勾指，掌心向右前下，掌指向上。呼氣，眼看右腳前（圖 102-2）。

圖 102-1　　　　　　　　圖 102-2

【要領】臀部收斂下落，頂勁不失。

烈女捧金盒

【動作一】

丹田左轉帶動身體螺旋略上升，左轉 90 度，面向場地的右後方，重心在右。右腳腳跟外轉落地踏實，左腳跟隨轉身提起，呈左虛步。兩掌腕裏仍沾連不脫，雙順纏向上至右肋，指尖向身前。吸氣，眼看左前（圖 103–1）。

【動作二】

丹田左轉帶動身體螺旋上升，左轉 45 度，面向場地的右側方，重心偏左。左腳踏實，右腳隨鑹地跟進，呈高架左弓步。兩掌仍沾連不脫，雙順從中線上托至下頜前，掌心向上，兩掌指尖向斜上方。呼氣，眼看兩掌前（圖 103–2）。

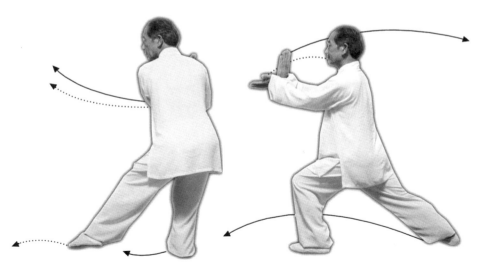

圖 103–1   圖 103–2

【要領】此勢兩腕裏相沾連，要做到腕合肘開，注意立身中正。

直符送書

【動作一】

丹田右轉帶動身體右轉 90 度，胸向場地的正後方，重心偏右。右腳上步，腳尖外展踏實，左腳跟隨之離地。同時，右掌逆變順纏向右畫平弧反扇，指尖向場地的左側方，拇指側向上；左掌順變逆纏自右腕至右肘彎沾連擠推右小臂，掌心向右，掌指向上。先吸後呼氣，眼看右掌前（圖 104-1）。

圖 104-1

【動作二】

　丹田右轉帶動身體右轉 45 度，面向場地的左後方，重心偏左。左腳向場地的右後方上步，腳尖裏扣踏實；右腳隨轉身略收，腳跟裏轉，腳尖點地，呈虛步。兩掌雙逆變雙順纏外上開裏下合，右掌掌心向左上，指尖斜向前上，左掌合於右肘裏，掌心向右，指尖斜向上（圖 104-2）。

　【要領】動作一是右掌翻扇，左掌助力；動作二是兩掌的托拿。動作源於丹田鬆活彈抖。

圖 104-2

回頭閃通背窩裏炮

【動作一】

丹田右旋左轉帶動身體略左右旋轉，方向不變，重心偏右。左腳不動，右腳跟外轉落地踏實。同時，鬆右胯，右掌逆纏向下蓋壓至小腹前；左掌順纏上托至胸前上。鬆左胯，右掌順纏上托至肩前；左掌逆纏下壓至腹前。先吸後呼氣，眼看右掌，兼顧左肩外（圖105-1）。

【動作二】

丹田左轉帶動身體螺旋略下沉，左轉135度，面向場地的右側方，重心偏右。以右腳跟為軸，左腳隨轉身後掃，右腳尖裏扣呈右弓步。右掌順變逆纏，向上經右耳旁向身前下劈，掌心向左，掌指向上；左掌繼續逆纏，隨轉身向下、向左摟過，位於左胯外（圖105-2）。

圖 105-1   圖 105-2

【動作三】

丹田左轉帶動身體螺旋下沉左轉90度，面向場地的正前方，重心偏左。左腳略退；右腳隨即收回，腳尖點地呈虛步。同時，兩掌變拳，右拳順纏走下弧裏收至小腹前，拳心向上；左拳逆纏走上弧裏收至右拳上，拳心向下，兩腕相貼。吸氣，眼看右前（圖105-3）。

【動作四】

丹田右轉帶動身體右轉135度，面向場地的右後方，重心偏左。左腳向左後方略退步，右腳收回點地，呈虛步。同時，右拳逆變順纏向上、向前、向下、向腹前略畫弧，拳心向上；左拳順變逆纏走下弧向上至左額外，拳眼斜對太陽穴。先吸後呼氣，眼看右拳外（圖105-4）。

圖 105-3   圖 105-4

【動作五】

丹田左轉帶動身體螺旋略下沉，左轉 90 度，面向場地的右前方，重心偏右。右腳向場地的右側方上步踏實；左腳隨鑽地跟進，呈右弓步。同時，兩拳雙順纏，左拳走裏下弧穿至額前；右拳左下微沉，形成合式。繼變雙逆纏開，左拳走下弧至左額外，拳眼對太陽穴；右拳至上腹前，形成右肘前擊。先吸後呼氣，眼看右肘前（圖 105-5）。

【要領】動作一、二是閃通臂，後掃轉身要靈活；動作三、四是窩炮；動作五是窩底肘。蓄而後發要鬆活彈抖。

圖 105-5

收回去雙龍抹馬

【動作一】

丹田右引左轉帶動身體左轉 225 度，面向場地的右側方，重心偏左。以左腳跟為軸心，右腳前掃至腳尖正對場地的正後方，同時兩拳變掌雙逆纏先向兩胯外下開，變雙順纏畫外上弧，隨轉身向額前合成十字掌，掌心向裏，右掌在外。先吸後呼氣，眼看左掌外。（圖 106-1）

圖 106-1

【動作二】

丹田左引右轉帶動身體左轉 45 度，面向場地的正後方，重心偏右。右腳向右橫開半步踏實，左腳隨收，呈橫襠步。同時，兩掌在原位雙順纏略合，變雙逆纏向兩旁開。右掌位在右額前，掌心向右前上，指尖向左上；左掌位在左，高與肩平，掌心向左，指尖向前。（圖106-2）

【要領】動作一掃轉後，腳不動，身體繼續轉動；動作二兩掌要做到欲開先合，以右掌後抹為主。

圖 106-2

急回頭智遠看瓜

【動作一】

丹田左引右轉帶動身體左旋右轉，方向不變，重心偏右。左腳踏實，右腳略後退踏實，步型不變。同時，兩掌變拳，雙逆纏，左拳走上弧；右拳走下弧，兩拳合於腹前。隨右腳踏實兩拳變雙順纏外開。右拳走上弧位於右耳外，拳心對右耳；左拳走下弧位於左胯外，拳心向右上（圖107-1）。

圖 107-1

【動作二】

丹田略右引左轉帶動身體螺旋上升，左轉 90 度，面向場地的右側方，重心在右。右腳略後撤踏實；左腳提起以腳跟為力點向前蹬出，高與腰齊，呈獨立步。同時，兩拳在頭面前雙順纏裏合，拳心向裏，右拳在外。即變雙逆纏向裏、向下、向前旋圈前伸，高與肩平，左拳拳心向左，右拳拳心向右，兩拳拳眼向下，右拳位於左肘裏。先吸後呼氣，眼看左拳前（圖 107-2）。

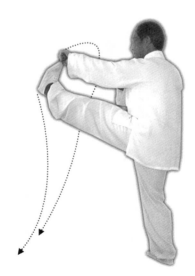

圖 107-2

【動作三】

丹田略右引左轉帶動身體螺旋略上升，再螺旋下沉，方向不變，重心偏左。左腳落地踏實；右腳不動，呈低架左弓步。同時，右拳變掌，以右掌心貼左拳背，雙順纏略向上、向裏變逆纏，從中線向下栽拳至襠前，左拳面向地，拳心向左；右掌沾連左拳背。先吸後呼氣，眼看襠前（圖 107-3）。

【要領】動作一的開合要求做到：一開，上下俱開；一合，上下俱合；動作三的身法是大開大合，大起大落，演練時要舒展大方。

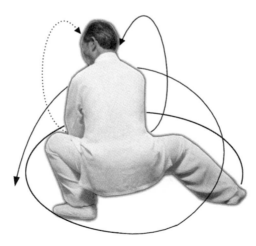

圖 107-3

自轉兩拳護膝，當場按下滿天星，誰敢與吾比併

【動作一】

丹田左轉帶動身體螺旋上升，再螺旋下沉左轉 450 度，面向場地的正方向，重心偏左。左腳腳尖外撇踏實；右腳提起隨轉身在左腳旁震腳落地。同時，兩拳變掌，雙逆纏變雙順纏，經兩胯外開，畫外弧向上、向裏、向下變拳在襠前十字交叉相合。左拳在外，兩拳心向裏。先吸後呼氣，眼看前下（圖 108-1）。

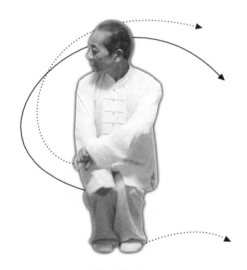

圖 108-1

【動作二】

　　丹田右引左轉帶動身體螺旋下沉向，左轉45度，胸向場地的左前方，重心偏左。右腳踏實不動，左腳向左橫開一大步，鬆左胯重心左移，呈左仆步。同時，左拳從中線上穿，經頭面向左至左額前，拳心向左外上；右拳變掌，順變逆纏向右、向上、向左畫外弧，經頭面抓握呈拳至左肩前，拳背貼附於左肘下。先吸後呼氣，眼隨右掌，再看右前（圖108-2）。

圖108-2

【動作三】

丹田左引右轉帶動身體螺旋略上升，再螺旋下沉右轉
45度，面向場地的正前方，重心偏右。鬆右胯，重心移右
腳；左腳向左橫向略開步，呈左仆步。同時，右拳順變逆
纏從左小臂裏側上穿，走上弧，經頭面至右額外上，拳輪
向右上；左拳變掌，順變逆纏，向右走上弧，經頭面，抓
握呈拳下蓋於左肘旁（圖108-3）。

【要領】轉身後兩拳護膝兼及襠，左右掌橫掃抓握如
攬星斗。此勢身法左右變換，要以丹田內轉為動力，要以
氣運身，動作宜舒緩。

圖 108-3

收　勢

　　丹田右引左轉帶動身體螺旋上升，面向場地的正前方，重心在兩腳之間。左腳向右腳收回，距右腳一肩寬。雙手逆纏走裏弧下沉至兩胯旁，隨後雙手順纏走外弧向上、向裏至額前，變逆纏向裏向下落於腹前，再外分至起始位置。恢復無極勢（圖0-0、圖0-1）。

　　【要領】收勢時，要立身中正，虛領頂勁，氣息下沉。靜定之後，方可結束。

圖0-0

圖0-1

附：拳論歌訣

拳經總歌（七言二十二句）

陳王廷

縱放屈伸人莫知，諸靠纏繞我皆依。
劈打推壓得進步，搬撅橫採也難敵。
鉤掤逼攬人人曉，閃驚巧取有誰知？
佯輸詐走誰云敗？引誘回沖致勝歸。
滾拴搭掃靈微妙，橫直劈砍奇更奇。
截進遮攔穿心肘，迎風接步紅炮捶；
二換掃壓掛面腳，左右邊簪莊跟腿；
截前壓後無縫鎖，聲東擊西要熟識。
上籠下提君須記，進攻退閃莫遲遲。
藏頭蓋面天下有，攢心踩肋世間稀。
教師不識此中理，難將武藝論高低。

用武要言

陳長興

要訣云：捶自心出。拳隨意發，總要知己知彼，隨機應變。

心氣一發，四肢皆動，足起有地，動轉有位，或沾而游，或連而隨，或騰而閃，或折而空，或掤而捋，或擠而捺。

拳打五尺以內，三尺以外，遠不發肘，近不發手，無論前後左右，一步一捶，遇敵以得人為準，以不見形為妙。

拳術如戰術，擊其無備，襲其無意，乘機而襲，乘襲而擊，虛而實之，實而虛之，避實擊虛，取本求末，出遇眾圍，如生龍活虎之狀，逢擊單敵，似巨炮直轟之勢。

上中下一氣把定，身手足規矩繩束，手不向空起，亦不向空落，精敏神巧全在活。

古人云：能去，能就，能剛，能柔，能進，能退，不動如山岳，難知如陰陽，無窮如天地，充實如太倉，浩渺如四海，炫耀如三光，察來勢之機會，揣敵人之短長，靜以待動，動以處靜，然後可言拳術也。

要訣云：借法容易，上法難，還是上法最為先。

戰鬥篇云：擊手勇猛，不當擊稍，迎面取中堂，搶上搶下勢如虎，類似鷹鷂下雞場；翻江拔海不須忙，丹鳳朝陽最為強；雲背日月天交地，武藝相爭見短長。

要訣云：發步進入須進身，身手齊到是為真，法中有訣從何取，解開其理妙如神。

古有閃、進、打、顧之法：何為閃，何為進，進即閃，閃即進，不必遠求。何為打，何為顧，顧即打，打即顧，發手便是。

古人云：心如火藥，手如彈。靈機一動，鳥難逃。

身似弓弦，手似箭。弦響鳥落顯神奇。

起手如電，電閃不及合眸。擊敵如迅雷，雷發不及掩耳。

左過右來，右過左來；手從心內發，落向前面落。力從足上起，足起猶火作。

上左須進右，上右須進左，發步時足跟先著地，十趾要抓地，步要穩當，身要莊重，去時撒手，著人成拳，上下氣要均停，出入以身為主宰；不貪不欠，不即不離。拳由心發，以身催手，一肢動百骸皆隨；一屈統身皆屈，一伸統身皆伸；伸要伸得盡，屈要屈得緊。如捲炮捲得緊，崩得有力。

戰鬥篇云：不拘提打，按打，擊打，沖打，膊打，肘打，胯打，腿打，頭打，手打，高打，低打，順打，橫打，進步打，退步打，截氣打，以及上下百般打法，總要一氣相貫。

「出身先占巧地」是為戰鬥要訣。骨節要對，不對則無力。手把要靈，不靈則生變。發手要快，不快則遲誤。打手要狠，不狠則不濟。腳手要活，不活則擔險。存心要精，不精則受愚。

發身要鷹揚猛勇，潑皮大膽，機智連環，勿畏懼遲疑。如關臨白馬，趙臨長阪。神威凜凜，波開浪裂。靜如山岳，動如雷發。

要訣云：人之來勢，務要審察，足踢頭前，拳打膊

下，側身進步，伏身起發。

足來提膝，拳來肘撥，順來橫擊，橫來捧壓，左來右接，右來左迎，遠便上手，近便用肘，遠便足踢，近便加膝。

拳打上風，審顧地形，手要急，足要輕，察勢如貓行，心要整，目要清，身手齊到始為真，手到身不到，擊敵不得妙。手到身亦到，破敵如催草。

戰鬥篇云：善擊者，先看步位，後下手勢。上打咽喉下打陰。左右兩肋併中心。前打一丈不為遠，近打只在一寸間。

要訣云：操演時，面前如有人；對敵時，有人如無人。面前手來不見手，胸前肘來不見肘。手起足要落，足落手要起。

心要佔先，意要勝人。身要攻人，步要過人。頭須仰起，胸須現起。腰須豎起，丹田須運起。自項至足，一氣相貫。

戰鬥篇云：膽戰心寒者，必不能取勝；不能察形勢者，必不能防入。

先動為師，後動為弟。能教一思進，莫教一思退，膽欲大而心欲小。「運用之妙，存乎一心」而已。一理運乎二氣。行乎三節，現乎四梢，統乎五行。時時操演，朝朝運化；始而勉強，久而自然！拳術之道學，終於此而已矣！

搆手十六目

一、較：是較量高低。

二、接：是兩人以手相接也。

三、沾：是手與手相沾，如【沾衣欲濕杏花雨】之【沾】。

四、黏：如膠漆之黏，是人既沾我手，不能離去。

五、因：是因人之來。

六、依：是我靠住人身。

七、連：是手與手相接連。

八、隨：是隨人之勢以為進退。

九、引：是誘之使來，牽引使近於我。

十、進：是令人前進，不使逃去。

十一、落：如落成之【落】，檐下水滴於地；又如葉落於地。

十二、空：宜讀去聲。人來欲擊我身，而落空虛之地。

十三、得：是我得機、得勢。

十四、打：是機勢可打，乘機打之。

十五、疾：是速而又速。稍涉延遲，即不能打。機貴神速。

十六、斷：是決斷。一涉遊疑，便失機會，過此不能打矣！

揭手三十六病

一、抽：是進不得勢，知己將敗，欲抽回身。

二、拔：是拔去，拔回逃走。

三、遮：是以手遮人。

四、架：是以胳膊架起人之手。

五、搕打：如以物搕物而打之。

六、猛撞：突然撞去，貿然而來，恃勇力向前硬撞；不出於自然，而欲貿然取勝。

七、躲閃：以身躲過人手，欲以閃賺跌人也。

八、浸凌：欲入人之界裏而凌壓之也。

九、斬：如以刀斫物。

十、摟：以手摟人之身。

十一、冒（加提手）：將手冒（加提手）下去。

十二、搓：如兩手相搓之搓，以手肘搓敵人也。

十三、欺壓：欺是哄人，壓是以我手強壓住人之手。

十四、掛：是以手掌掛人，或以彎足掛人。

十五、離：是去人之身，恐人擊我。

十六、閃賺：是誆愚人而打之。

十七、撥：是以我手硬撥人。

十八、推：是以手推過一傍。

十九、艱澀：是手不熟成。

二十、生硬：仗氣打人，帶生以求勝。

二十一、排：是排過一邊。

二十二、擋：是不能引，以手硬擋。

二十三、挺：硬也。

附：拳論歌訣

二十四、霸：以力後霸也。如霸者以力服人。

二十五、騰：如以右手接人，而復以左手架住人之手，騰開右手以擊敵人。

二十六、拿：如背人之節以拿之。

二十七、直：是太直率，無纏綿曲折之意。

二十八、實：是質樸，太老實，則被人欺。

二十九、鉤：是以腳鉤取。

三 十、挑：從下往上挑之。

三十一、掤：是以硬氣架起人之手，非以中氣接人之手。

三十二、抵：是硬以力氣抵抗人。

三十三、滾：恐己被傷，滾過一傍。又如圓物滾走。

三十四、根頭棍子：是我捑小頭，彼以大頭打我。

三十五、偷打：不明以打人，於人不防處偷打之。

三十六、心攤：藝不能打人，心如貪物探取，打人必定失敗。

以上三十六病，或有全犯之者，或有犯其四五，或有犯其一二者。有犯干處，皆非成手；手到成時，無論何病一切不犯。益以太和元氣，本無乖戾故也。

然則攦手將如之何？亦曰：人以手來，我以手引之使進，令其不得勢擊，是之謂「走」。走者，「引」之別名。何以既名「引」，又名「走」？引者，誘之使進；走者，人來我去，不與頂勢，是之謂「走」。然走之中，自帶引進之勁。此是拳中妙訣，非功久不能也！